Albert von Schirnding

JUGEND, GESTERN

Mit einem Nachwort
von Rainald Goetz

C.H.BECK textura

Die Reihe Textura wurde vom Verlag Langewiesche-Brandt (Ebenhausen bei München) begründet und wird seit dem Jahr 2010 vom Verlag C.H.Beck fortgeführt.

Satz: Fotosatz Amann, Memmingen
Druck und Bindung: Pustet, Regensburg
Umschlaggestaltung: Kunst oder Reklame, München
Gedruckt auf säurefreiem, altersbeständigem Papier
(hergestellt aus chlorfrei gebleichtem Zellstoff)
Printed in Germany
978 3 406 67505 8

www.beck.de

INHALT

TÜRSPALT

Am 11. Februar 1892 wurde er in Weiden in der Oberpfalz geboren. Der Ort, der seinen und irgendwann auch meinen Namen trug, lag an der Grenze von Bayern und Böhmen und war nicht weit entfernt. In seinem Zentrum hatte man eine große Wiese unbebaut gelassen, deren Leere das Schloß verbürgte, das hier einmal gestanden haben soll. Ich bin absolut sicher, daß meinem Vater genealogische Sachverhalte ganz und gar gleichgültig waren, als er zwischen neunzehnhundertzwei und neunzehnhundertsieben das Weidener *Kgl Humanistische Gymnasium* besuchte. Ihm stand der Sinn nach anderem. Verbotenerweise fischte er, so ist überliefert, an versteckten Stellen der Naab. Überhaupt wußte er sich der Aufsicht seiner bejahrten Eltern zu jeder Tages- und Nachtzeit zu entziehen. Ungezähmt streifte, schweifte er in der Umgebung seiner Heimatstadt umher. Wenn das Wetter wirklich einmal den Aufenthalt im Freien verhinderte, las er stundenlang Karl May, was er auch noch tat, als er schon mein Vater war. Fünf Jahre lang ging der Krug zum Brunnen, bis er brach. Das Zeugnis über das Schuljahr neunzehnhundertsechs / sieben verweigerte ihm die Erlaubnis zum Vorrücken in die nächsthöhere Klasse. Latein und Griechisch ungenügend, Turnen sehr gut.

Es kam der verhängnisvolle Herbst des Jahres neunzehnhundertsieben. Schon am 4. November erhielt er sein nächstes Zeugnis. Kein Austritts- (das gedruckte Wort war durchgestrichen), sondern ein vom Rektor eigenhändig in ein «Dimissions»-Zeugnis verwandeltes Blatt. Die Leistungen hatten sich erheblich gebessert, aber was half ihm das. «Sein Betragen in der Schule war zwar in diesem Jahre den Satzungen entsprechend, doch verwirkte er sich das Recht des weiteren Besuches der Anstalt durch Anteilnahme an einer Kneiperei in einer Wirtschaft.» Wirtshausbesuche waren anno dazumal den Gymnasiasten auch außerhalb der Unterrichtszeit strengstens verboten. Also bevorzugten sie Lokale, in denen die Stehkragen tragenden Professoren mit an Sicherheit grenzender Wahrscheinlichkeit nicht verkehren würden. Außerdem trafen sie sich, abgeschirmt gegen pädagogische Spionage, im Nebenzimmer.

Mit dem Pedell hatte man nicht gerechnet. Offenbar war die Fatalität einer Pedell-Existenz (seinerzeit!) nur in übermäßigem Bierkonsum zu ertränken. So trieb es auch jenen (für mich) Namenlosen schon am hellen Oktobernachmittag in die abgelegene Schenke. An sein Ohr drangen die sich überschlagenden Stimmen junger Burschen und weckten Verdacht. Mit *in flagranti* ertappten Sündern konnte er beim Rektor Pluspunkte sammeln. Er wollte die Tür zum Nebenzimmer ruckartig öffnen, doch ein Schüler hatte die Gefahr gewittert und leistete Widerstand. Der Pedell drückte, der Schüler stemmte sich von innen dagegen, ein ungleicher Zweikampf, die Jugendkraft siegte. Sie drängte den Pedell hinaus, schob einen Riegel vor.

Nur einen schmalen Spalt weit hatte der Pedell die Tür zu öffnen vermocht. Durch diesen Spalt erkannte er ein einziges Gesicht – das meines Vaters. Am nächsten Morgen wurde dieser zum Rektor befohlen. Der Pedell beteuerte, der und kein anderer habe sich ihm widersetzt. Vergeblich argumentierte der Beschuldigte, daß der Mann den Übeltäter ja gar nicht gesehen haben konnte, weil zwischen beiden die Tür war. So kam zur Anklage wegen «Widersetzlichkeit» gegen die Amtsperson noch der Vorwurf des «frechen Leugnens».

Er hätte sich retten können, wenn er den Namen des Tür-Wächters genannt hätte. Es gehörte zum selbstverständlichen Ehrenkodex eines Karl May lesenden Sechzehnjährigen zu Anfang des verflossenen Jahrhunderts, seine Kameraden nicht zu verraten. Allerdings hat er den Namen auf der Rückseite des Dimissions-Zeugnisses in seiner für die Nachwelt mit Bleistift geschriebenen Darstellung des wahren Sachverhalts in Klammern vermerkt. Ich verschweige den Namen meinerseits, auf daß ewiges Vergessen die Untat des eigentlich Schuldigen decke. Gewiß, der hätte sich melden können, *stante pede.* Er tat es nicht, war froh, daß es einen gab, der stellvertretend für ihn büßte. Wie sehr gönne ich ihm sein bißchen Feigheit, die ihm die ungestörte Fortsetzung seines Weidener Gymnasiasten-Daseins gestattete.

Ja, ich habe allen Grund, ihm dankbar zu sein. Ich verdanke ihm mein Dasein. Mein Vater wäre nicht gezwungen gewesen, sein Elternhaus zu verlassen und sich nach Regensburg zu begeben, wo Rektor Dr. Alois Patin ihn als Schüler des *Kgl. Neuen Gymnasiums* inskribierte. Er hätte dort nicht im Juli neunzehnhundertzwölf sein Abitur abgelegt und wäre nicht – nach einem verlorenen Krieg – beim Fürsten von Thurn und Taxis gelandet, hätte folglich auch nicht bei einem «Hofball» anderthalb Jahrzehnte später meine Mutter kennengelernt.

Das Spiel ist bekannt und hat Unendlichkeitscharakter. Wir alle sind Geschöpfe des Zufalls, tausend und abertausend Male hätte es anders kommen können. So ist auch der Kneipkumpan, der an der Stelle meines Vaters aus der Schule geflogen wäre und womöglich seinerseits auf das *Neue Gymnasium* gewechselt hätte, nur ein winziges Glied jener unentschlüsselbaren Kette von Geschehnissen, Entscheidungen, Konstellationen, deren höchst vorläufiges Ende das eigene Ich bildet.

Trotzdem bin ich geneigt, einem bestimmten Augenblick in dieser schwindelerregenden Ereignisfolge die herausragende exemplarische Bedeutung eines Einfürallemal beizumessen, einem Augenblick, der in einem Bild Ewigkeit geworden ist. Es ist der winzige Türspalt, der gerade groß genug war, ein Gesicht der im Raum versammelten Schülerschar preiszugeben, justament das meines Vaters. Durch diese fingerbreite Öffnung mußte das Schicksal sich zwängen, das über mein Sein oder Nichtsein entschied. Wäre sie um ein paar Zentimeter größer gewesen oder hätte statt meines Vaters ein anderer genau in der durch sie bedingten Blickrichtung des Pedells sein Bierglas geschwungen, schon wäre es für alle Zeit um mich geschehen gewesen.

JAHRHUNDERTSOMMER

Auf *überwachsenen Pfaden* nähere ich mich dem Sommer des Jahres 1947. Ich weiß, noch manch anderer Sommer des vergangenen Jahrhunderts erhebt Anspruch auf den säkularen Namen. Aber er gebührt, da bin ich mir sicher, nur einem einzigen: jenem. Den ganzen August hindurch fiel kein Regentropfen. Ohne Unterlaß, unangefochten von Wolken und Wind, brannte die Sonne und hinterließ, wenn sie spät abends ihre Fahrt von den Hesperiden zu den Aithiopern durch den halbausgetrockneten Ozean antrat, einen so großen Überschuß an Hitze, daß die Luft in den Nächten um keinen Grad abkühlte. Auf den Wiesen wuchsen die braunen Flächen, die Erde der im Wachstum behinderten Weizen- und Roggenfelder zeigte tiefe Risse, der Wald, in dem kein Vogel mehr sang, stand in rostigem Rot, Borken- und Kartoffelkäfer wüteten ungestört. Das Tag für Tag von Tante Adele triumphierend prophezeite Strafgericht, das in Gestalt eines apokalyptischen Gewitters über uns hereinbrechen werde, herausgefordert von uns Kindern, weil wir die Hitze begrüßten, den Regen, der uns ins Haus gebannt hätte, im Abendgebet zu erflehen uns weigerten, blieb aus. Helios hatte Zeus mattgesetzt, schlaff hing der in seinem Thron auf dem Olymp und fand nicht mehr die Kraft, seine Blitze zu schleudern. Wenn der Lateinlehrer Dr. Stichling, der mitten im Schuljahr gestorben war, diesen August noch erlebt hätte, würde er seinen Glauben an die griechischen Götter, mit denen er uns quälte, über Bord geworfen haben. Der Lebenskahn drohte auf Grund zu laufen; er mußte um alles Überflüssige, die Götter voran, erleichtert werden.

Die ganze Familie, was sonst nie der Fall war, samt Tante Adele und den aus Böhmen und Ungarn geflohenen Verwandten lag auf der von einer Zedernhecke gesäumten Wiese im Schatten der Eiche, die, nicht weniger erschöpft als die Erwachsenen, ihre Früchte nicht mehr festhalten konnte; die Kinder hatten die überall im dürren Gras verstreuten Eicheln zu einem stattlichen Haufen geschichtet. Nur ich hatte mich nicht beteiligt, da ich abseits auf einer Decke in der Badehose meinem Laster frönte: Ich las. Ein einziger Dichter, der größte, hatte für mich geschrieben. Wie bei Beethoven, dem Komponisten, dessen Nachfolge ich demnächst antreten würde, kam es auch in der Literatur auf das Spätwerk an. Was wog *Durch die Wüste* gegen *Ardistan und Dschinnistan, Winnetou* gegen *Mara Durimeh,* der *Schatz im Silbersee* gegen *Am Jenseits,* selbst noch die ersten drei Bände des *Reich des silbernen Löwen* gegen den vierten!

Liebe muß Schmerz ertragen: Ich konnte kein Lexikon liegen sehen, Knaur oder Brockhaus oder Meyer, augenblicklich mußte ich nach meinem Dichter fahnden, und er stand auch jedesmal drin. Aber jedesmal auch folgte dem Namen das ihn und mich zutiefst beleidigende Wort *Jugendschriftsteller*. Wurde etwa Goethe als ein solcher bezeichnet, und dabei hatten wir den *Erlkönig* in der Deutschstunde durchgenommen? Es ging ungerecht zu in der Welt, sogar die Siegermächte waren einander nicht ebenbürtig. Täglich stellte der in Wolfratshausen stationierte Amerikaner sich ein, lag mit uns auf der Wiese und verkündete seine von allgemeinem Kopfschütteln begleitete Überzeugung: «The Russians are good people.» Alle wußten es besser, niemand wagte zu widersprechen. Hatte der Amerikaner um dieser Botschaft willen die zwölf Kilometer in seinem Jeep zu uns zurückgelegt? «Er hat leider ein Auge auf mich geworfen», sagte die Mutter eines Abends, als er endlich gegangen war, zu mir, «man kann nichts dagegen machen.» Die aber schützte das Baby, das sie seufzend erwartete, wir würden dann fünf sein. Ich war zwölf, und der Mann, der als Untersuchungsgefangener in einem norwegischen Altersheim beherbergt wurde, war achtundachtzig. Er war ein so berühmter Schriftsteller wie der Komponist, der ich werden wollte, und er schrieb mit immer noch kräftiger Hand in sein Tagebuch, daß das Gras verbrannte, die Gärten nach Luft schnappten, das Heidekraut keine Blüten mehr trieb und die Bienen unverrichteter Dinge davonflogen. Das las ich drei Jahre später, als Knut Hamsun mir über alles ging, Karl May mir nichts mehr bedeutete.

*

Blaues Blut? Es war genau so rot wie das von Peter Schindler, dem Banknachbarn in der ersten Volksschulklasse. Der war beim Fangen im Schulhof hingefallen und hatte sich das Knie aufgeschürft. Er biß die Zähne zusammen, einen Augenblick zu spät, die Tränen waren schneller. Den blonden Peter, diesen von allen, von mir am meisten bewunderten Helden, weinen zu sehen, war erschütternd; entschlossen, seinen Schmerz zu teilen, ritzte ich mir mit dem Griffel den Arm.

Die Erwachsenen zuhause waren wieder einmal als Lügner ertappt. Das Märchen vom blauen Blut würde ich ihnen künftig so wenig abnehmen wie das vom süßen Brei. Ich wollte um alles in der Welt nicht anders sein als Peter Schindler. Betrübt kam die vierjährige Schwester aus dem Kindergarten. Da hat eine mit dem Finger auf mich gezeigt: Die ist eine ‹Von›, und dann haben alle gelacht.

Fürst und Fürstin, deren Anwesenheit im nahen Schloß eine rotblaue Fahne verkündete, waren etwas Besseres, das ließ sich nicht abstreiten. Sonst hätten, wenn der Fürst, in feinstes Hellgrau gekleidet, auch die hauchdünnen Lederhandschuhe und die Gamaschen waren grau, durch die Straßen unserer Stadt spazierte, die gewöhnlichen Männer nicht tiefe Verbeugungen, die gewöhnlichen Frauen keine kunstvollen Knickse gemacht.

Die vorgeschriebene Anrede lautete *Eure Durchlaucht.* Das klang nach Durchfall, deutete aber doch auch auf eine Gipfelleistung der göttlichen Schöpferkraft, deren Himmel und Erde umspannende Herrlichkeit in der zum Schloß gehörenden Basilika allsonntäglich mit einem inbrünstigen Credo nicht nur von mir bestätigt wurde.

Die durchlauchtigen Gesichtszüge zeugten von Reinrassigkeit; kein Wunder, war doch die Schwester der Mutter die ihre Kino-Doppelgängerin Romy an Schönheit hundertfach übertreffende Sissi. Aber auf Schönheit kam es nicht an. Der Fürst hatte beizeiten eine ungarische Erzherzogin heimgeführt, also eine Habsburg, die ihrerseits als *Kaiserliche Hoheit* zu titulieren war. Schön war sie nicht, aber fruchtbar: Sie schenkte ihrem Gemahl sechs Prinzen und eine Prinzessin. Die heirateten, dem unnachgiebig über das rigorose Hausgesetz wachenden Vater gehorsam, ausschließlich standesherrlich, und so gesellten sich zu der kaiserlichen zwei portugiesische königliche Hoheiten und ein Markgraf, den meine Eltern mit *Majestät* ansprechen mußten.

Die Kehrseite des höheren Menschentums wurde an der Nachkommenschaft sichtbar. Wenigstens mir. Sie kamen mir als nicht ganz ernstzunehmende Sonderfälle vor. Das galt vor allem für die mit meinen Schwestern und mir etwa gleichaltrigen Enkel des Fürsten. Beispielsweise mußten sich die Geschwister in der dritten Person anreden, und so hielten sie es auch mit uns, wenn wir im weitläufigen Schloßpark zum Ostereiersuchen eingeladen waren. «Hat er,» konnte ich da zu hören bekommen, «seinen Schokoladehasen schon gefunden?» Ich hatte nicht und schüttelte wortlos den Kopf, ohne mich auf das Minenfeld der prinzlichen Sprachregelungen zu begeben.

Man mußte nicht zu den obersten Rängen gehören; es gab viele Abstufungen. Ganz oben die regierenden Häuser mit ihren geschlossenen Kronen. Dann die Kronen mit neun Zacken für die Grafen, mit sieben für die Barone, mit fünf für die titellosen Adeligen. Das war aber eine ganz oberflächliche und irreführende Einteilung. Durchaus windigen, da erst vor zweihundert Jahren in diesen Stand erhobenen österreichischen Grafen standen ungleich vornehmere preußische Familien gegenüber, die, wie beispielsweise Herr von Katte (ich erinnere mich genau, daß meine Mutter, den Doppel-t-Laut scharf betonend, diesen Namen nannte) einen Extratitel nicht nötig hatten. Entscheidend war, ob es sich um Uradel oder Adelsnamensträger neueren Datums handelte. Noch im letzten Augenblick, anno 1918, konnte der Minister eines Fürstentums, der aus der Familie eines seine unübertrefflichen Hörnchen an den Hof liefernden Bäckers oder über besonders prall gefüllte Weizensäcke herrschenden Müllers stammte, von seinem Souverän mit einem Freiherrn-Brief ausgestattet worden sein. Das war natürlich immer noch besser als nichts, konnte aber mit einem reichsunmittelbaren Geschlecht, das auch nicht mehr als seine sieben Zacken hatte, nicht in einem Atem genannt werden. Alles, was recht war.

Die Grafen und Freiherrn, die ihre Existenz morganatischen Ehen verdankten, nicht als völlig ebenbürtig einzuschätzen, wäre ganz und gar verfehlt gewesen, so die von ihrer Mutter übernommene und getreulich an ihre Kinder weitergegebene Lehre unserer Mutter. Sie waren ja meist, man denke an den Mann von Tante Leontine, Abkömmlinge von Kurfürsten, Herzögen, Königen und Kaisern, bewohnten ein, inzwischen leider fast immer enteignetes prächtiges Palais und verkehrten in den allerersten Kreisen. Eine geschickte Heiratspolitik konnte ihnen zu höchster Reputation verhelfen. Überhaupt sei eine standesgemäße Wahl des Ehepartners für mein Glück und das meiner Nachkommen von ausschlaggebender Wichtigkeit. Ich hoffe doch, mein Lieber, du wirst mir eine in diesem Sinne hieb- und stichfeste Schwiegertochter bescheren.

Entsprechend häufig drehten sich die Gespräche um genealogische Zusammenhänge. In der – gottlob ferneren – Verwandtschaft existierten wahre Gedächtnisriesen, die ganze Wälder von Stammbäumen im Kopf hatten, jederzeit abrufbare Ururgroßmütter beliebiger Namensträger, wenn diese nur im Gotha standen. Die Frage, ob es sich um eine geborene Oettingen-Oettingen oder Oettingen-Wallerstein, um eine Castell-Castell oder eine Castell-Rüdenhausen oder gar nur um eine

Faber-Castell handle, konnte erbitterte Diskussionen auslösen. Einmal entschied meine inzwischen fünfjährige Schwester den Streit mit der Bemerkung: «War sie nicht eine geborene Witzleben?» Sie hatte den Namen irgendwo aufgeschnappt, und ich genoß neidlos ihren Lacherfolg.

Sie hatte es besser; denn sie mußte keine Hände küssen. Der Handkuß stand an erster Stelle der zu erlernenden Spielregeln. Nur verheirateten Frauen war er vorbehalten und den Hofdamen, die ihr Beruf zur Ehelosigkeit zwang, als wären sie Nonnen. Man mußte sich tief über die kußberechtigte Hand beugen – bis auf wenige Millimeter, ohne sie mit feuchten Lippen zu berühren. Was die übrigen Manieren anging, bestanden sie mehr in der Unterlassung von gewissen bürgerlichen Stileigentümlichkeiten. Man klopfte nicht an eine bereits offenstehende Tür, sagte nicht – entsetzlich! – «Ich bin so frei», brachte keine Blumen mit, verlor, wenn man eingeladen war, über die Qualität des Essens, die ja selbstverständlich war, kein Wort und rief nicht am nächsten Morgen an, um sich für den schönen Abend zu bedanken. Auch war es keineswegs nötig, sich vor einem Besuch bei seinesgleichen anzusagen. Man schneite einfach herein. Unter Geschlechtsgenossen duzte man sich, auch wenn man sich noch nie gesehen hatte, der Mann sagte nicht ‹Frau Baronin› oder ‹Frau Gräfin›, sondern nur den Titel, während umgekehrt die Frau zum Titel den Familiennamen fügte. Im übrigen war es eher unfein, zu feine Manieren an den Tag zu legen. Man wußte ja, wie man sich zu benehmen hatte, und die andern wußten, daß man es wußte. Weshalb sie dem Adligen eine gewisse Nonchalance durchgehen ließen, die sie einem Bürgerlichen verübelt hätten.

Mit uns Kindern begann ein neues Zeitalter. Wir fanden das alles reichlich blöd. Der Krieg kam uns zu Hilfe; da hatten die Erwachsenen Lebenswichtigeres zu tun, als ihren Nachwuchs auf Traditionen einzuschwören. Und das Blut, das in unermeßlichen Strömen in Rußland und anderswo vergossen wurde, hatte immer und überall dieselbe Farbe. Auch der Vater von Peter Schindler war unter den Gefallenen.

*

Am 28. April 1945 spielte ein Kind, das einmal mein italienischer Schwager werden sollte, im Garten des elterlichen Hauses am Comersee mit seinen Geschwistern Verstecken, ein auf der Straße vorbeifahrender Konvoi lockte es an den Zaun, es kannte den Pfad, der durch das blühende Strauchwerk zu den Gitterstäben führte, auf einem Lastwagen saß, das kreideweiße Gesicht von einer Militärmütze beschattet, ein Mann in Handschellen, das Kind erkannte ihn sofort, der *Duce* drehte plötzlich den Kopf zur Seite, sah zum Kind hinunter und – lächelte. Als das Kind zehn Jahre alt wurde, war der Mann schon vier Tage mausetot. Sein Lächeln aber hatte sich vor der Erschießung davongemacht, es hatte sich in das Kind gerettet, wo es ein lebenslängliches Wohnrecht in seinem Gedächtnis erhielt, einen sicheren Ort von der Art der Schweiz, auf dem Weg dorthin war der Diktator aufgegriffen worden, sein Fluchtversuch war nicht ganz und gar mißlungen.

*

Mit dem Abriß des längst baufällig gewordenen Hüttchens verlor die Landschaft meiner Kindheit ihr letztes Bollwerk. Was wäre der Garten gewesen ohne dieses aus halbwüchsigen Fichtenstämmen gezimmerte, schindelgedeckte Gehäuse, das in seinem Rücken durch drei Linden gegen das Treiben der Erwachsenen abgeschirmt war, während das auf seiner Vorderseite verlaufende silbergraue Brett einen Sitzplatz mit der Aussicht auf die Dorfstraße bot, den Wald dahinter, das meist nebelverschleierte Flußtal und die blaßblaue Bergkette, eine Kulisse, die auf Onkel Clemens, den Dichter, einen prähistorischen Eindruck gemacht hatte. Das bei einem seiner seltenen Besuche wie nebenbei verliehene Prädikat blieb an diesem Weltausschnitt haften. Um einen Ausschnitt handelte es sich in der Tat; wären die Wipfel der Zedernhecke, die den Garten begrenzte, nicht an einer bestimmten Stelle abgesägt gewesen, hätte man außer eben dieser Hecke nichts sehen können. Eine ziemlich breite Öffnung also im umhegten Gegenwartsraum des Neunjährigen, die den Blick in ein Jenseits freigab, das aber statt zehrendem Fernweh nur Neugier weckte, Neugier, die warten konnte, umrahmt von einem weiten, blauen Horizontgefühl. An jenem Augusttag allerdings des Jahres 1944 zog das weiße Band der ansteigenden Straße mein volles Augenmerk auf sich. Der Vater würde aus der Stadt, wo der Fürst ihn festhielt, für zwei Tage zur evakuierten Familie kommen – mit dem Rad, weil das Benzin für den Endsieg benötigt wurde. Seit Monaten hatte er sich nicht losmachen können, aber heute würde er kommen – im Laufe des Nachmittags, wie er der Mutter auf einem der umschlaglosen, gummierten und gefalzten Einblattbriefe angekündigt hatte. Gleich nach dem Mittagessen hatte ich meinen Posten bezogen, jede Faser meines Körpers, jedes Seelenatom auf den einen Augenblick gerichtet, in dem mein Vater hinter der Hecke von rechts erscheinen würde, erscheinen mußte. Zwischen der Hecke und der Straße lag eine Weide, auf der Kühe grasten; es war so still, daß ich das mahlende Geräusch ihrer Mäuler hören konnte. Dreieinhalb Stunden vergingen, ohne daß die Spannung meiner Erwartung auch nur augenblicksweise nachgelassen hätte. Glaubt nur, mit Sehnsucht hat Erwartung nichts gemein. Sehnsucht bleibt vage, geht aufs offene Meer, verliert sich im Unendlichen, genießt sich selbst. Erwartung zielt auf ein Nahes, Einzelnes, Einziges, das sie entfacht, zum Glühen bringt. Nur Erwartung kann enttäuscht werden: Die Vereinigung mit der Geliebten überspringt nicht die Schranke der Phantasie, die versprochene Wiederkehr des Messias bleibt aus. Man kann sich in der Enttäuschung einrichten, ein Leben lang, zweitausend Jahre lang. Oder die Erfüllung reicht nicht an das Ausmaß der Erwartung heran: Schmerz der Erfüllung. Nicht so damals am Hüttchen. Der Vater tauchte, sein schwer beladenes Rad schiebend, am Rand der Hecke auf. In nichts unterschied sich der Anblick von dem Bild, das ich mir gemacht hatte. Ich stürzte ihm entgegen.

*

Onkel Dick erzählte meiner Mutter von der kurz vor Kriegsende über ihn verhängten Nazi-Haft; ich hörte zu. Ohne sein Wissen war sein Name auf eine Liste der Männer vom Zwanzigsten Juli als möglicher Minister einer neuen Regierung geraten. Dafür bekam er jetzt von den Amerikanern Kakao, von dem er immer wieder der ihr fünftes Kind erwartenden Mutter ein Päckchen abtrat. Richard von Kühlmann stand, ich hatte es kürzlich zu meiner tiefen Befriedigung festgestellt, in Meyers

Konversationslexikon; er war noch 1918 Außenminister des untergangsreifen Kaiserreiches gewesen und hatte einen Frieden mit Rußland geschlossen. Im Berlin der zwanziger Jahre hatte er das Leben eines reichen Kunstsammlers geführt. Das Haus in der Tiergartenstraße, dessen bis in den kleinsten Gebrauchsgegenstand formvollendete Herrlichkeit die Mutter, die dort in der Vorkriegszeit drei Wochen zu Gast gewesen war, wiederholt beteuerte, war im Herbst 1943 durch Bomben zerstört worden – vierzig Jahre Sammlerfleiß und -glück, so hörte ich ihn nun trockenen Tones sagen, waren binnen weniger Minuten in Rauch aufgegangen. Warum nur hatte er sich geweigert, die Kunstschätze beizeiten in Sicherheit zu bringen? Weil er so war, wie er war. Nun hatte er seinen Sommersitz in Ohlstadt zum Hauptquartier gemacht. Von dort trafen fast jede Woche Briefbotschaften ein; sie waren auf holzhaltigem Kriegs- und Nachkriegspapier dem Sekretär in eine Schreibmaschine mit überstrapaziertem Farbband diktiert. Ehemals waren sie in der schönsten, von links nach rechts leicht ansteigenden Handschrift auf dunkelblauen Briefbögen verfaßt, die gefaltet und mit einem Gummiband versehen in der Schublade des mütterlichen Schreibtisches lagen. Daß die Verbrecher ihn eingesperrt hatten, machte ihn mir noch lieber als der Eintrag im Konversationslexikon. Ich wußte nichts von dem prachtvollen Empireschloß Kressendorf bei Krakau, wohin er noch im Juni 1944 einer Jagdeinladung gefolgt war, nichts von einem Generalgouverneur von Polen, «unserem bayerischen Landsmann Dr. Frank». Im höchst malerischen Hof einer mittelalterlichen Bibliothek in Krakau erlebte er eine «herzerfreuende Aufführung Strauss'scher Werke». So las ich's Jahrzehnte nach seinem und der Eltern Tod auf zwar nicht mehr blauem, aber blütenweißem, wohl auf dem Empire-Schreibtisch seines Gästezimmers aufliegendem Briefpapier. «Ich habe», versicherte der auch einen kapitalen Jagderfolg meldende Schreiber seiner geliebten Cousine, «diese köstliche Zeit restlos genossen.»

*

Wie ich sie ersehnte, herbeiflehte, unsere Befreier! Ich durfte ihnen ja nicht entgegeneilen, mußte an Ort und Stelle auf sie warten, das hatten Erlöser so an sich. Sie erschienen zuzweit. Ich wurde nicht irre an meinem Glauben, als einer von ihnen meiner Mutter zur Begrüßung die Pistole vor die Brust hielt. Das mußte sein. Die Suche nach Waffen oder versteckten Soldaten erforderte diese kurzzeitige Geiselnahme, unter deren Druck das eingetrocknete Schul-Englisch der durch das Haus wie unter Hypnose Gelenkten sich augenblicklich verflüssigte. Ein paar Stunden später hockte eine ganze Armee friedlich auf dem Boden von Vorplatz, Wohnraum und Küche und versorgte sich aus Konservenbüchsen, die auf dem flink geheizten Herd erhitzt wurden.

Es sind nette, harmlose Burschen, diese Amerikaner, befand die Mutter, als sie fürs erste wieder abgezogen waren. Burschen? Es waren Götter, trotz ihrer khakifarbenen Uniformen unermeßlich überlegene, aus unvorstellbar weiter Ferne hergekommene, hellhäutige, aber auch schwarze Lichtgestalten – was nicht hieß, daß sie unberührbar gewesen wären. Mochten die Erwachsenen im Umgang mit ihnen eine gewisse Zurückhaltung fühlen, die Kühle des Siegers. Den Kindern gegenüber galt kein Fraternisierungsverbot. Sie hatten unser Haus besetzt, und wir mußten bei den Nachbarn um Asyl bitten. Aber am Rand der durch ein großes Netz geteilten Wiese, wo sie Tag um Tag Baseball spielten, lagerten meine Schwestern und ich um unser neues Zentrum namens Jack und brachten dem unendlich Geduldigen, der über ein paar Brocken Deutsch verfügte, die B-Sprache bei. Gebell, dubu bibist ubunseber Freubeund. Er war es! Die Lust, mit uns zusammenzusein, hatte den sportlichen Trieb erstickt; nie zog er unserer Gesellschaft die Teilnahme am Baseballspiel vor.

Bald durften wir Exilierten ins angestammte Haus wieder Einzug halten, freilich wiederum nur wir Kinder und nur zu den Mahlzeiten. Mir wurde ein besonderer Empfang bereitet: Am Haken oben an der Innenseite der Haustür hängten sie mich mit dem Träger meiner Lederhose auf, es spannte und zwickte ganz schön zwischen den Beinen, o ja, wie schön! Dann thronten wir am Offizierstisch, die Füße meiner Schwester Viktoria baumelten vom zu hohen Stuhl, man servierte uns Thunfisch, Hähnchenbrust, Pfirsiche – die Konservendosen waren unerschöpflich. Sie wurden aus einem Jeep in die Küche befördert, die Mannschaft bildete eine lange Kette, die Dinger flogen von Hand zu Hand, es war keine Arbeit, nein, ein lustiges Spiel, an dem wir uns beteiligen durften. Der Captain himself schnitt Viktoria das Beefsteak vor. Ein Leutnant, der in seine Heimat zurückkehrte, gelobte zum Abschied, er werde mir ein Päckchen schicken. Ich wartete, der Herr Sailer mit seinem Glasauge schob jeden Mittag keuchend sein gelbes Fahrrad, von dem die übervollen abgewetzten Ledertaschen hingen, unsern steilen Berg hinauf, der Hoffnungsfunken in meiner Brust loderte auf, eine Sekunde nur, die Flamme erlosch, ich war leer ausgegangen. Und doch wußte ich, daß der Moment der Erfüllung kommen werde, der Leutnant war ja ein Amerikaner, ich paßte den Postboten monatelang ab, und siehe da, als die Erwachsenen schon längst angefangen hatten, mich zu belächeln, die einen mitleidig, die andern höhnisch, kam das Paket: ein wenig kleiner, als ich es mir vorgestellt hatte, und ziemlich ramponiert von der langen Reise, aber es kam.

Und nach dem Gesetz, wonach sie angetreten, blieben die Amerikaner auch in den folgenden Jahren unsere Freunde. Ich denke an die in tonnengroßen Milchkannen gelieferte Schulspeisung, zu der wir in der Großen Pause, Napf und Löffel in der Hand, in endloser Reihe anstanden. Sie schmeckte fast immer scheußlich, aber wenn wir, jedesmal zu Beginn der Turnstunde, auf die Waage steigen mußten, bewiesen die Ergebnisse, daß wir allen Grund zur Dankbarkeit hatten.

Ja, der Westen war genauso gut, wie der Osten böse war. Die Welt war geteilt, wir wohnten nicht weit vom Riß, der durch die Schöpfung ging. Die Sowjets hatten den lieben Gott vertrieben, ihr Reich war ganz und gar seinem teuflischen Gegenspieler anheimgefallen. Gott hatte sich in die westliche Hemisphäre zurückgezogen. Hier sammelte er seine Regimenter für den großen Entscheidungskampf.

*

Es war unmöglich, am Wirtshaus vorbeizugehen, ohne daß der Hund, der an einer langen beweglichen Kette hing, in heulende Raserei verfiel. Unter dem Geklirr des Eisens jagte er von einem Ende zum andern der ihm knapp zugemessenen Strecke zwischen Stall und Scheune, ein kohlschwarzer Teufel, der wahnsinnig geworden war vom ohnmächtigen Drang, sich auf das fremde zweibeinige Tier zu stürzen und ihm die Kehle durchzubeißen. Er riß an der Kette, als ob er noch nie die Erfahrung der Vergeblichkeit dieser Aktion gemacht hätte. Man konnte das Wirtshaus ohne Lebensgefahr betreten; der geringe Abstand zwischen dem Punkt, den der Hund im äußersten Fall erreichte, und der Tür war genau berechnet. Wie hätte ich es gewagt, von dieser Möglichkeit Gebrauch zu machen, da, was nie geschehen war, eines Tages, der mein letzter gewesen wäre, eben doch hätte geschehen können. Außerdem gab es in dem Wirtshaus nur dünnes Kriegsbier, das zweimal in der Woche eine Runde von sechs bis acht fistelstimmigen Stammtischbrüdern vereinte; die jüngeren und gesunden verteidigten in Rußland die Heimat. Sie teilten das Schicksal des Kettenhundes: An ihnen vorbei zog der Feind ihrer Heimat entgegen, sie zu verwüsten. Angekettet waren auch, seit Jahrhunderten schon, die Daheimgebliebenen: an das ewige Einerlei von Tag und Nacht, der Werk- und der Sonntage. War es deshalb, daß der alte Wirt das Fluchen nicht lassen konnte, wenn er draußen mit seinem Pferdefuhrwerk hantierte? «Kruzifix, Sakrament, Herrgott nochmal, Sakrament, Kruzifix ...» Die Wirtin hatte ihn oft genug beschworen, die entsetzliche Gewohnheit aufzugeben, es ging nicht, es war ein Zwang, stärker als der große, kräftige, finstere Mann, von dem die Mutter sagte, er sehe aus wie Kaspar im Freischütz. Was wußte ich vom *Freischütz*? Nichts. Aber als ich Jahre später, kein Landkind mehr, in unserem Stadttheater das Werk kennenlernte, glich der Kaspar tatsächlich dem alten Wirt aufs Haar. Die Oper hatte wieder den Betrieb aufgenommen, sie war berstend voll, weil die Menschen für ihr schlechtes Geld keine Kohlen, keine Textilien und Nahrungsmittel bekamen, aber Kunst kaufen konnten, soviel sie wollten. Es war schade, daß man nie verstand, was die schönen Stimmen sangen. Ich hätte gern etwas von der Handlung mitgekriegt. Die Kurzfassung im Programmheft war so kompliziert ausgedrückt, daß es mir auch bei wiederholter Lektüre nicht gelang, durch das Gestrüpp der Handlungsfäden durchzublicken, und so kommt es, daß mir noch heute schleierhaft ist, was im *Figaro,* im *Troubadour,* in der *Verkauften Braut* sich eigentlich abspielt und warum *Die Fledermaus Fledermaus* heißt. Nur *Fidelio* und der *Fliegende Holländer* waren so simpel gebaut, daß ich wußte, worum es jeweils ging. *Hänsel und Gretel* sowieso. Viele Sänger der Vorkriegszeit, Lohengrin, Don José, Ochs von Lerchenau, waren gefallen, lagen in französischer oder russischer Erde, die Stimmen Staub. Aber die in das Ensemble gerissenen Löcher schlossen sich sofort und die überlebenden Theaterbesucher wollten unbedingt wissen, ob für den Jägerburschen Max trotz seines Betrugs mit den Freikugeln Aussicht bestand, die schöne Agathe zu freien. Dann kam die Währungsreform. Parkett und Ränge leerten sich, die Sänger wurden arbeitslos. Als wir in den Ferien wieder aufs Land gingen, war der Kettenhund vom alten Wirt erschossen worden. Höllenlärm und Schöngesang waren verstummt. Der Wirt fluchte nicht mehr. Ein schwächeres Zeitalter war angebrochen.

*

Liselotte T. hatte ein Küchenmesser ergriffen und war damit ans Ufer der Donau geeilt. Ein spanischer Soldat hatte sich trotz oder wegen seines Verlöbnisses mit dem sächsischen Fräulein in sein Heimatland abgesetzt. Kurz nach dem Krieg, im vorwährungsreformatorischen Zeitalter, wimmelte es in unserer Stadt von iberoamerikanischen Armeeangehörigen und elternlosen Flüchtlingsmädchen aus Sachsen und sonstwoher. In den Kneipen der Keplerstraße mischten sich die Rassen. Ob die Lebensmüde sich in letzter Sekunde besonnen oder ein Entgegenkommender ihr das Messer, auf das in diesem Fall ein Strahl der zwischen dunklen Wolken unversehens hervorbrechenden Sonne gefallen wäre, entwunden hatte, entzieht sich meiner Kenntnis. Jedenfalls fand die Überlebende, meinen Eltern von einer gemeinsamen Bekannten ans Herz gelegt, auf dem Dachboden unseres Hauses Unterschlupf, wo sie hinter einer Spanischen Wand ein Matratzenlager bezog. Was sollte sie nun mit der Sprache anfangen, die sie aus Liebe zu dem treulosen Mann sich angeeignet hatte? Spanisch sei, erklärte mein Vater, die Sprache der Zukunft, und diese Zukunft war wieder einmal niemand anderes als ich. Wir hatten zudritt, Fräulein T., ich und eine spanische Grammatik, in der Küche Platz gefunden – am langen schmalen Tisch mit der von tiefen Rillen gefurchten Platte aus hellem Holz. Hier also war mir, der ich seit ein paar Monaten damit beschäftigt war, den Horizont meines Ministrantenlateins in Richtung der heidnischen Gelehrtensprache zu überschreiten, auferlegt, mich einem weiteren fremden Idiom hinzugeben. Mein Lernhunger war gestillt. Andererseits wollte ich der verhinderten Selbstmörderin keinen neuen Enttäuschungsschlag versetzen. Meinethalben hatte man ihr in dem überfüllten Haus Asyl gewährt. Noch zuckte keiner ihrer Finger nach einem der Messer, die in der halboffenen Schublade blitzten. Ich wollte nicht schuld sein, falls es anders kam.

In der sagenhaften Vorkriegsvergangenheit hatte die Küche

bessere Zeiten gesehen. Durch eine zweiflügelige Glastür war sie mit einem Balkon aus grauem Tuffstein verbunden, der den rechten Winkel der an dieser Stelle erkerartig vorspringenden Mauer füllte. Der Balkon verhalf dem Raum zum privilegierten Status eines Gästezimmers. Als im Oktober 1939 eine meiner zahlreichen Schwestern sich anschickte, das von fernem Pulverdampf noch kaum getrübte Licht der Welt zu erblicken, hatte die Mutter sich in dieses Zimmer zurückgezogen. Vielleicht hatte die Nähe der lebensgroßen goldenen Marienstatue zu dieser Wahl geführt. Sie blickte aus einer Wandnische über den Sims des Balkons hinweg auf die Straße und den gegenüberliegenden Dörnbergpark. Unter einer ihrer Fersen lugte der Kopf einer Schlange hervor, die sich gehorsam zu ihren Füßen ringelte. Der Balkon war während des Wochenbettes der Mutter mein Lieblingsaufenthalt gewesen, wo ich, die beschirmende Madonna im Rücken, Stunden damit verbrachte, die vorüberfahrenden Autos zu zählen. Oder ich hörte einfach auf die knirschenden Schritte der Erwachsenen, die von der Straße durch das schmiedeeiserne Tor in den Hof mit seinem Kiesboden einbogen.

Das Gäste- und Geburtszimmer hatte sich seine Verwandlung in eine Küche nicht träumen lassen, aber der Krieg ließ das Undenkbare Wirklichkeit werden. Wir waren noch tief in der ersten Lektion des spanischen Buches befangen, dessen fleckiger Wachstucheinband es den auf dem Fensterbrett gestapelten Kochbüchern zum Verwechseln ähnlich machte, als ein Wagen so geräuschvoll im Kies bremste, daß ich von der Grammatik weg an die Balkontür stürzte. Zwei Männer entstiegen einem klapprigen dreirädrigen, mit Holzvergaser ausgestatteten Lieferwagen und entnahmen ihm eine Bahre, auf der unter grobem Packpapier ein massiger Körper lag. Schon war er auf dem Küchentisch gelandet und entpuppte sich als schwartiges Mutterschwein. Es mußte von einem der fürstlichen Güter aus der Umgebung stammen, ein Ostergeschenk des durchlauchtigen Dienstherrn meines Vaters. Die Männer hatten sich, ohne ein Wort zu verlieren, so schnell, wie sie gekommen waren, fortgemacht. Vielleicht war ihnen die Polizei schon auf den Fersen; denn die amerikanische Militärregierung hatte, das wußte ich, jede Schwarzschlachtung als Kapitalverbrechen verboten.

Sämtliche Mitglieder der durch obdachlose Verwandte, Freunde, Fremde zur Großfamilie angewachsenen Hausgemeinschaft scharten sich lüsternen Blicks und mit feuchten Lippen um die unverhoffte Gottesgabe. Gottesgabe oder nicht vielmehr Satansköder? Hatte die Schlange draußen sich losgewunden, um uns zu vergiften? Ausgerechnet am Karfreitag war die fleischerne Fülle eingekehrt. An einem normalen Freitag Fleisch zu essen, galt als lediglich läßliche Sünde. Wie leicht war sie zu vermeiden, da der Genuß von Fleisch in diesen mageren Jahren ohnehin allenfalls dem Sonntag vorbehalten blieb. Nur an zwei Tagen kannte das milde Reglement der Kirche kein Erbarmen. Am Aschermittwoch und am Karfreitag war der Verzehr von Fleisch, da gab es nichts zu deuteln, eine Todsünde. Man hätte das Schwein mit einem Laken verhüllen und bis zum Karsamstagmittag aufheben müssen. Aber durch die Straßen streiften von der Militärregierung bestellte Ordnungshüter mit Armbinden, die Verdachtsfällen auch in Privathäusern nachzugehen hatten. Nein, das Schwein mußte unverzüglich verschwinden. Noch lag es, ein bestürzend menschenähnliches Opfertier, auf dem Küchentisch, aber schon wurden Messer gewetzt, brodelten Töpfe und Kessel, drängten sich Einmachgläser, das doppelt verbotene Fleisch und Fett in sich aufzunehmen. Man kann, von aller Übermacht der Versuchung abgesehen, ein Schwein nicht verarbeiten, ohne zumindest einen speckigen Finger abzulecken. Eine Wahl ohne Ausweg: Entweder handelte man sich die ewige Höllenqual ein, oder man riskierte die Gefängnis- oder gar Todesstrafe im schräg über der Straße gelegenen Justizpalast. Ich flüchtete vor die Gottesmutter auf dem Balkon. Gegrüßet seist du, Maria. Sie blickte über mich hinweg, nicht streng, aber ungerührt. Voll der Gnade. Der Herr sei mit dir. Sie regte sich nicht, aber der Kopf der Schlange steckte immerhin nach wie vor oder wieder unter ihrem Fuß. Du bist gebenedeit unter den Weibern. Das half. Ich täuschte mich nicht: Sie hatte mir zugezwinkert. Triumphierend kehrte ich in die Küche zurück.

*

Die Suche nach Zeugnissen für die Existenz des Lehmhofs habe ich aufgegeben. Schade um die Zeit. Irgendwo müssen in einer Kiste oder einem Koffer Rechnungen, Bilder, notarielle Beglaubigungen liegen, beim Umzug von Regensburg vor einem halben Jahrhundert auf den unermeßlichen Speicher verfrachtet. Der Speicher nährt sich, ohne je satt zu werden, von der rasch nachwachsenden Vergangenheit der Hausbewohner, die er mittels einer dicken Schicht Staub vor fremdem Zugriff schützt. Soll er sie horten. Ich verlasse mich auf den Speicher in mir. Vielleicht ist es eher ein Keller, ganz wie der in der Regensburger Kumpfmühlerstraße, in den ich selten und nur nachts zwischen zwei gnädig gewährten Bewußtlosigkeiten hinuntersteige. In der hallenden Waschküche begegne ich mir, einem stimmbrüchig Schillermonologe Rezitierenden, der sich auf seinen Beruf als Schauspieler vorbereitet; o ja, ich werde, für den plötzlich erkrankten Gustav Altnöder einspringend, demnächst den Franz in den *Räubern* spielen. Ein paar Zeitstufen tiefer gelange ich in den Luftschutzraum, wo uns der Vater, um uns die Zeit bis zum Ende des Krieges zu verkürzen, aus dem *Dr. Dolittle* vorliest. Das Ende der Geschichte läßt ebenso lange auf sich warten wie das Ende der Bombennächte, mein Vater beginnt zu lallen, er kämpft mit dem Schlaf, und auch dieser Kampf ist wie der Abwehrkampf unserer Flak, ach, wie alle Kämpfe seit der Vertreibung aus dem Paradies vergeblich. Auch meine Mutter, die das blaue für den Ernstfall mit Wertsachen vollgestopfte Lederköfferchen an sich gepreßt hält (erblickte ich es nicht unlängst völlig leer und in arg zerschlissenem Zustand unter ihrem verlassenen Schreibtisch?) schläft ein, meine sanft entschlummerten Schwestern hätte kein Volltreffer mehr zu wecken vermocht, nur ich bin noch wach und setze mein Leben in dem Städtchen Puddleby-on-the-March fort, allein mit den Tieren des Dr. Dolittle, die mir ihre schwerer als Latein zu erlernende Sprache beibringen.

Der Keller meines Gedächtnisses ist so geräumig wie der Hades der Griechen. Der ganze Lehmhof hat darin Platz. Er gehörte meinem Vater. Seine keineswegs begüterte Mutter wollte dem Landwirtschaft studierenden Sohn unbedingt ein Gütlein hinterlassen und brachte dank eiserner Sparsamkeit die Mittel zum Kauf eines Hofs bei Kallmünz auf, für den mein Vater nach ihrem Tod den leichter erreichbaren Lehmhof eintauschte. Der lag, mit meinem Dichter Georg Britting zu reden, *weit unten an der Donau*, da, wo ihm sein Freund Simon, bevor der in die Fremdenlegion abhaute, die Wildschweine zeigte im fürstlichen Tiergarten, weil Simons Vater dort Förster war. Auch mein Vater diente dem Fürsten und brachte aus diesem Gehege manche Trophäe nach Hause. Es war noch immer derselbe Fürst wie zu Brittings Jugendzeiten, der, als er achtzig wurde, statt sich beschenken zu lassen, meinem Vater ein paar Hektar Wald schenkte, die sich dem bescheidenen Grundbesitz um den Lehmhof stattlich anschmiegten.

Der Lehmhof war nicht verpachtet, mein Vater bewirtschaftete ihn mit Hilfe eines Verwalters. Freilich kam er nur in ziemlich großen Zeitabständen dazu, sich mit eigenen Augen von der Richtigkeit des rosigen Bildes zu überzeugen, das der Verwalter in ungelenken Buchstaben auf zunächst mit Hitler-, dann mit kopflosen Nachkriegsmarken versehene Postkarten malte. Außer der zuverlässig zwischen dem Martinstag und Weihnachten eintreffenden, mit Reiberknödeln und fetter Sauce verzehrten Sonntagsgans hatte mein Vater von seinem Besitztum eigentlich nur Ärger und Sorgen, wie er uns von Zeit zu Zeit zu verstehen gab. Nicht öfter als drei- oder viermal bekam ich im Rahmen einer sommerlichen Familienunternehmung den Lehmhof zu sehen. Auf den Straßen fuhren fast ausschließlich amerikanische Jeeps; wir benutzten das an Sonntagen hoffnungslos mit Ausflüglern überfüllte Bähnchen, das man in Stadtamhof bestieg. Es sah genauso aus wie die durch meine Bilderbücher zuckelnden Eisenbahnen; der aus dem Schornstein der keuchenden Lokomotive entweichende Dampf zog sich als Kometenschweif über die nachfolgenden Waggons, in denen man, falls man einen Platz ergattert hatte, auf harten

Holzbänken saß. Aber mein Vater, wißt das nur, war nicht der Mann, der nicht imstande gewesen wäre, seiner Familie Sitzplätze zu verschaffen!

Jedesmal, wenn der Zug hielt: in Schwabelweis, Tegernheim, Donaustauf (gleich dahinter glitzerten die Säulen der Walhalla, des ewigen Wandertagsziels), in Sulzbach und Bach, quollen weitere Rudel rucksackbewehrter Wandersleute herein; alle wollten bis Wiesent oder Wörth fahren. Wir aber stiegen in Kruckenberg aus. Ich kann's nicht beschwören, würde aber, falls meine Erinnerung sich als falsch herausstellen sollte, dennoch an Kruckenberg festhalten, wo damals der einzige Wein meiner Heimat gedieh; im Bischofshof konnte man ihn kaufen, ein briefmarkengroßes, mit Schreibmaschine beschriftetes Etikett verbürgte seine Herkunft. Wenn ich Jahre später meinen Dichter am Münchner Sankt-Anna-Platz besuchte, vergaß ich nie, ihm eine Flasche des sauren Rebsafts mitzubringen.

Wie wir von der Bahnstation Kruckenberg zum Lehmhof gelangten, weiß ich nicht mehr. Wir kamen unangemeldet, mein Vater wollte ja nach dem Rechten sehen. Zunächst schien es, als ob es um dieses Rechte nicht besser hätte bestellt sein können. Überzeugend heuchelte die Verwaltersfrau freudige Überraschung über unser vielzähliges Erscheinen und tischte im Handumdrehen ein üppiges Frühstück auf. Mit weichgekochten Eiern, knusprigem Brot, Butter, Honig und Speck, lauter Dingen, die man in der Stadt nur zu Schwarzhandelspreisen bekommen konnte, glaubte die ihrem eher mickrigen Mann an Körperumfang und Selbstbewußtsein weit Überlegene das Spiel schon gewonnen zu haben. «Die Mutter Wolffen, wie sie im Buch steht, genauso tüchtig und genauso verlogen», flüsterte mir meine Mutter zu. Sie liebte Vergleiche mit mir naturgemäß unbekannten literarischen Vorbildern. Als ich viel später Hauptmanns *Biberpelz* sah, hatte das Verhältnis sich umgekehrt: Die Darstellerin durfte der realen Verkörperung des Typus nichts schuldig bleiben, mußte mindestens so gut wie Frau Gabriel sein. So hieß die Verwaltersfrau.

Nun schlug die Stunde für den Mann. Herr Gabriel, dem mein Vater den Herrn vorenthielt – «Gabriel, zeigen Sie mir jetzt den Stand der Dinge!» –, schluckte erschrocken den Brotranft, an dem er kaute, hinunter, die Frau versuchte meinen Vater mit dem Angebot eines Glases Bier aufzuhalten – vergebens. Er ging, gefolgt von dem etwas schleppfüßigen Verwalter, raschen Schrittes ins Freie; wir schlossen uns an.

Die ersten Stationen – einige Gemüsebeete, ein Krautacker, der Obstgarten – wurden seitens meines Vaters schweigend, seitens des von der dominierenden Frau befreiten Verwalters in unaufhörlichem Gerede absolviert. Höchst ungünstige Witterungsverhältnisse, vor allem ein verheerender Frosteinbruch im Mai spielten in Herrn Gabriels unter dem Druck eines offenbar verzweifelten Rechtfertigungsbedürfnisses sturzbachartig sich ergießender Rhetorik eine zentrale Rolle. Auch hätten die Wildschweine mehrere Felder zertrampelt. Die Wildschweinplage werde ja in der ganzen Umgebung allgemein beklagt. Hier begegneten mir also diese Tiere, wenn auch nur in Worten, ein halbes Jahrhundert nach ihrem von Georg Britting geschilderten Auftritt und mehrere Jahre vor ihrer Verwandlung in Literatur. Die *Afrikanische Elegie* ist ein Alterswerk.

Herr Gabriel wähnte bereits, noch einmal knapp davongekommen zu sein, als mein Vater den Hühnerstall zu besichtigen verlangte. «Wenn Sie meinen», sagte der Verwalter mit belegter Stimme. Die Tür des Hühnerstalls stand, was kein gutes Zeichen war, halb offen; wir drängten hinein. Auf dem Boden lag, arg zerzaust, ein totes Huhn. Der Ärger meines Vaters, der schon angesichts der bisher sich darbietenden Mängel gefährlich angeschwollen war, entlud sich in einem furchtbaren Wutschrei. Hätte er es dabei belassen! Aber er sprang, Choleriker, der er war, dem Sünder an die Gurgel. Nicht auszudenken, was geschehen wäre, hätte meine Mutter ihn nicht beschwörend beim Namen gerufen. Als wir den Hühnerstall verließen, kam uns, aus gereckten Hälsen hechelnd, Rächerinnen ihrer gemordeten Schwestern, eine Schar Gänse entgegen. «Sie tun nichts», schrie Frau Gabriel, und wirklich bogen sie im allerletzten Augenblick seitwärts ab. Mutter Wolffen führte wieder das Regiment. Sie hatte inzwischen einen Kirschkuchen gebacken und im Garten unter einem Pflaumenbaum den Tisch gedeckt. Meinen Eltern servierte sie ein Krüglein kühlen Kruckenberger, und wir Kinder bekamen Himbeersaft. Was den Zorn meines Vaters betraf, so war nichts mehr davon übrig: Er hatte ihn bis auf den letzten Rest verbraucht. Wir lauschten seiner Erzählung von den letzten Kriegstagen, die er mit dem Fürsten nicht allzuweit von hier in der Jagdhütte auf der *Aschenbrenner Marter* überstanden hatte – unter Lebensgefahr!

*

Als Kandidaten für das sogenannte höhere Lehramt lernten wir, keine Unterrichtsstunde könne als gelungen bewertet werden, in der nicht wenigstens einmal herzhaft gelacht werde. Wir bauten also in unsere Vorbereitungen dieses unerläßliche Schülergelächter an der am wenigsten störenden Stelle ein, einer von uns soll der Klasse schon vor seiner Prüfungslehrprobe eingeschärft haben, wann, wie laut und wie lange sie lachen solle. Das klappte tatsächlich, weil die Schüler, normalerweise geneigt, den Referendaren das Leben so schwer wie möglich zu machen, im Ernstfall sich mit dem armen Kandidaten-Schwein als ihresgleichen verbündeten – gegen die an der hinteren Wand aufgereihten Respektspersonen, die jedes Plus und Minus des Stundenverlaufs mit ernsten Mienen verzeichneten. In der Alltagsstunde brauchte man für das Lachen nicht zu sorgen, es kam meistens ungefragt und nicht immer erwünscht von selber, und die pädagogische Kunst bestand jetzt umgekehrt darin, es nicht ausufern zu lassen, sondern mit professioneller Überlegenheit einzudämmen.

Aus meiner eigenen Schulzeit kann ich mich nur an einen einzigen Heiterkeitsausbruch von allerdings stundensprengender Gewalt erinnern. Wir Zwölfjährigen gerieten buchstäblich außer Rand und Band. Die Lehrerin hatte einen Adventskranz mitgebracht und mit Hilfe von zwei in der Klasse wenig beliebten Lieblingen an einem für seriösere Zwecke an der Decke angebrachten Haken befestigt. Die erste von vier Kerzen entzündend, forderte sie uns auf, *Tauet Himmel den Gerechten* zu singen. Noch ehe es dazu kam, fing eines der vier breiten roten, sich zeltartig an der Spitze vereinigenden Bänder Feuer, und nach wenigen Sekunden fiel der lichterloh brennende Kranz der verzweifelten Pädagogin, die es wieder einmal besonders gut gemeint hatte, vor die Füße. Neununddreißig Schüler lachten aus einer einzigen Kehle. Trommelnd, stampfend, den krampfgeschüttelten Oberkörper nach vorne und hinten werfend, verschmolzen wir zu einer vollkommen einheitlichen Lachmasse, nie wieder war mir beschieden, so rest-, so bewußtlos Teil eines Ganzen zu sein.

Den Lachenden, die an jedem Silvester auf allen Fernsehsendern die kostenlose Begleitmusik zum *Dinner for One* produzieren, ist das Lachen längst vergangen, selbst wenn ein winziger Prozentsatz von ihnen das Alter der ihren Geburtstag feiernden Lady erklommen haben sollte. Soll ich trauern um sie, die ich bei einem Exzeß äußerster Selbstvergessenheit ertappt habe? Ach nein, ich erreiche sie ja nicht mehr. Mit jedem Jahr verlieren sie sich ein Stück weiter in der Tiefe ihres Totseins.

Oder dringt noch aus dieser unermeßlichen Ferne ihr Lachen zu mir, kaum hörbar zunächst, dann anschwellend bis zur Woge, die mir das Gleichgewicht raubt? Es ist ein anderes Gelächter als das dem über den Löwenkopf stolpernden Butler harmlos gewidmete. Es ist ein böses Gelächter, das mir von Anfang an vertrauteste. Das Lachen, das ich schon früh zu hören bekam, war ein Ausgelachtwerden. Kindheit und Jugend sind nichts als eine Szenenfolge von unfreiwillig komischen Auftritten, denen das Gelächter des aus Altersgenossen und Erwachsenen gemischten Publikums einmütig entgegenschlägt. Noch das Jüngste Gericht stelle ich mir anders vor, als Michelangelo es gemalt hat. Nicht optisch, sondern akustisch. Die zur Seligkeit Berufenen hören Bach oder Mahler – für immer. Wir andern aber sind dem teuflischen, erbarmungslosen, ewigen Gelächter der Hölle preisgegeben, dem endgültigen Aus der Ausgelachten.

*

Der Vater weckt dich jeden Dienstag Punkt einhalbsechs zur Gemeinschaftsmesse in der Wolfgangskrypta. Die ist tausend Jahre alt, mindestens. Pater Martini, aus der Mission mit Malaria heimgekehrt, zelebriert sie. Auf den Vater und den Pater ist Verlaß. Zum Alten Gymnasium am Ägidienplatz dauert der Weg fünf Minuten. Auf der Höhe des Altersheims der Diakonissen biegt die Straße nach rechts ab, und schon verschluckt dich der gelbe Kasten deiner Schule. Das Klassenzimmer geht auf den Beraiterweg hinaus. Du siehst in die gegenüberliegende Wohnung. Da läuft jeden Morgen kurz vor acht Uhr ein Mann in Unterhosen herum. Du hättest gern beobachtet, wie er sich anzieht, aber die Glocke läutet schrill zum Unterrichtsbeginn. Wir haben den Schädle in Latein, den Jockers in Mathe, den Hammer in Religion. Und wen habt ihr?

Das Schuljahr dauert ewig, die Lehrer sind immer gleichalt. Wir leben in der Stadt des immerwährenden Reichstags. Der Vater geht in sein Büro im Schloß. Frau Mathilde Schmidt sitzt im Vorzimmer, ihre Freundlichkeit unterliegt keinerlei Schwankungen. Distanzen werden peinlich eingehalten, alles hat seine Ordnung. Am Sonntag gibt es Gansbraten mit Knödeln aus rohen Kartoffeln. Die Brust ist der Mutter vorbehalten, du bekommst einen Haxen. Iß nicht zuviel von der fetten Sauce, damit dir nicht wieder schlecht wird und du heut abend zuhause bleiben mußt. Im Theater werden die Klassiker gespielt, für jedes Rollenfach ist seit Jahr und Tag ein wohlbekanntes Mitglied des Ensembles zuständig. Gustav Altnöder gibt den Tell.

Im Sommer sind wir auf dem Land. Ein Steg führt auf eine Plattform im Weiher, über drei Sprossen gelangst du hinab. Ein Boot ist an der Leiter angekettet, es schaukelt im warmen Wind.

Das Ruder hängt schlaff ins Wasser. Du bist zwölf, warst immer zwölf, in die glatte Haut deiner zwölf Jahre wirst du für immer eingehüllt sein. Nackt hast du dich im Bauch des Bootes ausgestreckt, lesend. Das Reich des Silbernen Löwen kann niemals untergehen.

Festgefügtes. Hättest du gedacht, daß schon ein Wimpernschlag genügt, alles ins Rutschen zu bringen? Die Nachbarin hat ihre Familie verlassen und lebt jetzt mit einem fremden Mann in einem fünf Kilometer entfernten Dorf. Ach, die alte Reitermutter ist gestorben. Und nun hat auch noch den Herrn Pfarrer der Schlag getroffen. Hochwürden ist der Sprache beraubt, du lieber Gott. Warum wurde der Lehrer versetzt? So sang- und klanglos. Er war doch überaus beliebt. Die Welt gerät aus den Fugen. Geh fort, so schnell du kannst, und kehre nie wieder zurück.

*

Worte gibt es, beiläufig in früher Zeit zu dir gesprochen, die haben Narben hinterlassen. Ihr hattet in der Klasse nur zwei Mädchen. Eines unauffälligen Schulvormittags, du warst elf, sagte die mit den blonden Zöpfen zu einem, der in der Bank vor ihr saß, und das warst leider du: «Ach, du bist doch gar kein richtiger Junge.» Der Anlaß ist dir entfallen. Gewiß, du warst ein Leichtgewicht, ein bißchen unterernährt, mochtest die von den Amerikanern spendierte Schulspeisung nicht essen, undefinierbar wie der Kaffee in der Geschichte, die Fräulein Seidl in der Deutschstunde behandelte. Zugegeben auch, daß du an den eisernen Kletterstangen und den anderen Folterinstrumenten dessen, was Leibeserziehung hieß, eine ziemlich traurige Figur abgabst, gewissermaßen nicht deinen Mann standest. Aber in der Turnstunde, die du haßtest, so daß der ganze Montag- und Donnerstagvormittag verdorben war durch die fünfundvierzig unter dem Kommando des ehemaligen Rekrutenschleifers zu überstehenden Minuten, war Marlene ja nicht dabei; sie hatte in dieser Zeit klassenübergreifendes Mädchenturnen in einem leergeräumten Saal des benachbarten längst ausgestorbenen Klosters, wo diese Glücklichen, wie du dir vorstelltest, während du kläglich an der Reckstange hingst, sich zur Klaviermusik ihrer Lehrerin in gymnastischen Rhythmen wiegten. Trotzdem hättest du um keinen Preis mit ihnen tauschen mögen. Fast alle Mädchen wollten lieber Jungen sein. Kein Junge träumte sich hinüber ins Reich der Zöpfetragenden, du zuletzt. Woher aber dann aus heiterem Himmel dieses vernichtende Urteil der blonden Richterin, mit der du doch bisher auf gutem, kameradschaftlichem Fuße standest?

Das Wort ging dir nach, auch als die ungeduldig erwarteten sogenannten männlichen Regungen sich längst eingestellt und die beiden Mädchen das Weite gesucht hatten. Nur ein Buchstabe, dieses verfluchte ‹k›, trennte dich vom wahren Sein. Sonderbar schien dir, daß du gerade in diesem Punkt so verwundbar warst. Schließlich teiltest du die in Frage gestellte Eigenschaft mit der Hälfte der Menschheit, sie war das Allgemeinste und Uninteressanteste an deiner auf Unverwechselbarkeit doch so bedachten Person. Dennoch hätte es dich viel weniger getroffen, wenn jemand deine Musikalität bezweifelt, deine Gedichte schlecht gefunden hätte. Deine Gedichte? Waren die vielleicht schuld an Marlenes Verachtung? Ein richtiger Junge mußte sich als Fußballer bewähren, vom Zehn- oder wenigstens Dreimeterturm springen, rauf- und sauflustig sein. Das alles war nicht dein

Fall. Während die andern umhertollten, hieltest du dich abseits auf der Suche nach einem Reim. Du warst einig mit deiner Geschlechtszugehörigkeit, sie bescherte dir Selbstbewußtsein und Glücksgefühle, aber du warst nicht imstande, die Rolle oder die Rollen zu spielen, die mit ihr verbunden, von dir erwartet wurden. Keine Bäume gefällt, kein Wild erlegt, kein Pferd müde geritten, keine Heldentaten auf dem Feld des Eros und der Ehre verrichtet. Bist du am Ende auch noch stolz darauf? O nein, davor schützt dich Marlenes Wort, halblaut in fernster Vorzeit hingesagt, so beiläufig, wie jemand dich aufmerksam macht auf die im Mundwinkel hängengebliebene Zahnpasta oder das aufgegangene Bändel am Schuh.

*

Wäre ich nur ein, zwei Jahre älter gewesen, 1951, als der weltberühmte Philosoph in der Münchner Universität drei Vorträge über *Die Idee der Nation und die deutsche Jugend* hielt. Das ging doch vor allem mich an. Aber Schüler zählten nicht, kein Zutritt für einen Sechzehnjährigen aus dem Provinznest Regensburg. Der Autor des *Aufstand der Massen,* als Geist seit Jahr und Tag in Tausenden von deutschen Bücherschränken, auch in unserem, wohnhaft, hatte sich herbeigelassen, den Hinterbliebenen des mit seinem Diktator befreundeten Massenführers leibhaftig zu erscheinen. Wie ich der *Neuen Zeitung* entnahm (o ja, das Blatt fand sich, von der meinem Flehen kaum je abholden Mutter abonniert, wochentäglich neben dem einsamen Teller mit dem aufgewärmten Mittagessen, darauf wartend, von dem späten Schulheimkehrer gleichzeitig mit dem Gemüseauflauf verschlungen zu werden), kämpften die Leute erbittert um die

Plätze, endlich würden sie erfahren, warum und wozu sie überlebt hatten, wieso der Fortschrittsglaube an der Katastrophe schuld war und man trotzdem über den Leichenfeldern den Kopf nicht hängen zu lassen brauchte. Ein unheilbarer Optimist redete ihnen zu, was für ein seltener Vogel in der tragischen Geschichte der Philosophie, so ungefähr drückte der Verfasser des Berichts in meiner Zeitung sich aus. Der kleine Mann mit dem mächtigen Kopf und dem Torero-Gesicht sprach, so berichtete mir Onkel Levin, einer der Glücklichen, die einen Platz erobert hatten, ein hartes, durch und durch spanisches Deutsch, man verstand höchstens jedes dritte Wort, aber das genügte durchaus, das Feuer der Begeisterung in seinen Zuhörern zu schüren.

Zwei Jahre später sah und hörte auch ich ihn. Er keuchte die vier Stockwerke in die Dachwohnung im liftlosen Münchner Haus hinauf, das mein Vater gegen den unrentabel gewordenen Lehmhof eingetauscht hatte. Der Markgraf von Meißen sprach über *Wagner in Venedig*, und ich war wütend, daß er sich in selbstherrlicher Manier meines Lieblingskomponisten bemächtigt hatte. Ausgerechnet unsere Wohnung hatte er zum Ort seiner Verlautbarung erwählt und sich den Philosophen als Zuhörer gewünscht. Bittesehr. Der war nämlich leicht zu haben, mittlerweile. Seit Monaten residierte er im Hotel Schottenhamel, die vergebliche Wartezeit auf eine Münchner Gastprofessur in den in Schwabing, in Bogenhausen, im Lehel sich wieder etablierenden Salons vertreibend. Wenn sich mitunter partout kein aristokratisches Interieur öffnen wollte, saß er in der Bar des Bayerischen Hofs, von einem Flor junger Damen umringt, die er, auf Grund von Devisenbestimmungen gezwungen, das Geld für die deutschen Übersetzungen seiner Bücher an Ort und Stelle zu verprassen, generös unterhielt. Die Damen, immer wieder andere, begleiteten ihn auch auf Faschingsbälle und zum Oktoberfest. Eine Cousine meiner Mutter war von ihm zu einem Flug nach Paris eingeladen worden. Nicht als Geistesbraut durfte sie sich fühlen, sie war nur die flüchtige Errungenschaft eines alternden Don Juan, der in grauer Vorzeit ein auflagenstarkes Buch über die Liebe geschrieben hatte. Von der Stimme Europas war lediglich ein Krächzen übriggeblieben, das Krächzen eines der Schule der Weisheit ein für allemal entflogenen Raben. Eines Unglücksraben zuletzt: In sein Heimatland kehrte er heim, um sich, der abtrünnige Freidenker, auf dem Sterbelager in die Arme seiner Kirche zu werfen.

*

Sie hatte sich, bei ihren so überaus kultivierten Freunden zum Mittagessen eingeladen, über den unbekannten Mann gewundert, der mit am Tisch gesessen sei, ein offenbar recht unbedeutender Mensch, vermutungsweise ein Volksschullehrer. Im Lauf des wenig angeregten Gesprächs, zu dem der zusätzliche Gast nur Trivialitäten beigesteuert habe, sei ihr schließlich aufgegangen, daß man ihr die Freude habe machen wollen, zusammen mit Carl Orff, dessen *Trionfi* sie vor wenigen Wochen in nahezu ekstatischen Taumel versetzt habe, ein paar Stunden in allerengstem Kreis zu verbringen. Aber da sei es schon zu spät gewesen, der schwarze Kaffee in den winzigen Mokkatäßchen war schon getrunken, und Orff habe ihr, sich verabschiedend, die Hand geküßt, wie meine Mutter eigens vermerkte.

*

Ein Fetzchen Papier genügt. Man befestigt es mit Spucke am Zeigefinger und befiehlt, die Hand über die Schulter werfend, dem *Hansl* fortzufliegen. Die Hand kehrt denn auch prompt ohne den Hansl zurück. Das Kind sieht den nackten Mittelfinger, gläubiges Erstaunen malt sich in den großen blanken Augen, dem offenstehenden Mund. Sein Vater ist ein Zauberer. Jetzt spricht er seinen zweiten Spruch, macht nach dem Namen des Verschwundenen eine winzige Pause, um der Aufforderung zur Rückkehr doppeltes Gewicht zu verleihen: «Hansl, – komm wieder!» Schon geht die Hand in die Höhe, holt den Hansl aus dem Nichts in die Sichtbarkeit zurück. Das Kind läßt einen Gaumenlaut tiefer Genugtuung hören, dem das ununterdrückbare Wort «Nochmal» folgt. Gleich fliegt der gehorsame Hansl aufs neue fort. Diesmal ertönt die Zauberformel aus dem Mund des Dreijährigen: «Hanslkommwieder!» Mein Vater, Geduld ist sonst nicht seine Stärke, gibt dem Wunsch nach Wiederholung noch viele Male nach. Denn alle Lust will Ewigkeit. Bis eines Tages der Hansl mitsamt meinem Vater davonflog und durch nichts in der Welt zu bewegen war, wiederzukommen.

AUGE UND OHR

Unter den bedeutenden Menschen, die ich persönlich näher kennenlernte, bot Ernst Jünger das Beispiel eines nahezu reinen Augenmenschen. Musik spielte keine Rolle in seinem Leben – hört man davon ab, daß er viel für Verse, namentlich die seines Bruders Friedrich Georg, übrig hatte. Aber die «subtilen Jagden», die den größten Teil seiner Zeit ausfüllten, waren ganz und gar auf das Auge abgestellt, und der kühle Blick, mit dem er die apokalyptischen Landschaften seiner Zeit beschrieb, entsprach dem von Rudolf Schlichter, dem Malerfreund, und dem des so viel größeren Otto Dix. Als Theodor Heuß ihn am 1. Oktober 1955 in Wilflingen besuchte, servierte er dem Bundespräsidenten, Schublade um Schublade aus seinen Käfersammlungsschränken ziehend, ein «Augenfrühstück». Auf unseren Spaziergängen durch die, wie es schien, unendlich ausgedehnten Stauffenbergschen Wälder, führte er ein Glas mit sich, in das er Insekten, die seine Aufmerksamkeit erregten, «verhaftete». Sie wurden durch Äther sofort getötet. Ich sah nur oberflächlich hin. Mein Desinteresse bewahrte mich davor, zum Zeugen der noch selbigen Tags erfolgenden Aufnahme der frischen Beute in die ewigen Jagdgründe der Sammlung zu werden.

Jünger legte auf seinen entomologischen Ruhm mindestens ebenso großen Wert wie auf seinen Schriftstellernamen. Der Hundertjährige benötigte weder Stock noch Brille, wohl aber bemerkte ich bei der letzten Begegnung ein Jahr vor seinem Tod das von der Pelzmütze nur halb verdeckte Hörgerät. Es war ein bitterkalter Januarvormittag auf dem Riedlinger Friedhof, auf dem die Ärztin Margret Blersch beerdigt wurde. Sie hatte sich des zwanzigjährigen Secretarius, der nichts zu bieten hatte als sein Jungsein, mit überwältigender Herzlichkeit angenommen. Für das sich an die Beerdigung anschließende Requiem hatte der Sohn Hartmut einen Benediktinerpater aus einer entfernten Abtei kommen lassen, weil der bereit war, die Totenmesse nach dem abgeschafften lateinischen Ritus zu gestalten. Damals wunderte ich mich über die konzentrierte Andacht meines in einem Missale die Zeremonie verfolgenden ehemaligen «Chefs», wunderte mich aber nicht mehr, als bei seiner eigenen Beerdigung ein Jahr später Jüngers Konversion zur katholischen Kirche bekannt wurde und alle Welt über die Ursache rätselte. Hartmut Blersch hatte den freilich schon einigermaßen lockeren Stein ins Rollen gebracht. Dies nebenbei.

Die Noblesse des Autors, dessen Kriegsbücher ich nie lesen mochte, weil mir Militärisches seit Zinnsoldatenzeiten zuwider war, nicht weniger zuwider als die Turnstunde, die mir die Freude an der Schule verdarb, die Noblesse des Sechzigjährigen, dessen ungebrochener Patriotismus mir fremd blieb, auch wenn ich meine abweichende Empfindung für mich behielt (war nicht mein Schweigen beredt genug – anläßlich der empörten Reaktion des Ehepaars, das sich in diesem Punkt deckungsgleich einig war, auf die Absicht, das schauerlich desavouierte Horaz-Zitat von der Köstlichkeit des dem Vaterland dargebrachten Sterbens beim Wiederaufbau der Münchner Universität, wo ich gerade ein friedfertiges drittes Semester mit Pindar und Plautus hinter mich gebracht hatte, nicht mehr zu erneuern?), die Noblesse, sage ich, Ernst Jüngers habe ich bei vielen Gelegenheiten und nicht zuletzt an mir selbst erfahren. Er ließ mich gelten, mich den Ohrenmenschen.

Denn der bin ich. Zu meinen identitätsverbürgenden Kennzeichen zählt, daß ein defizitäres Raumgefühl meinen Intelligenzquotienten unerbittlich nach unten drückt, ich immer zunächst die falsche Richtung einschlage, nicht im Augenblick aufgehen kann, dessen Flüchtigkeit mir nicht aus dem Sinn und den Sinnen geht. Daß die Zeit weniger als zu erfüllende denn als unaufhaltsam verfließende mein Lebenselement ist, ich die Zukunft aus der mir vertrauten Herkunft ableite, was meiner Neugier den Anstrich der Sorge verleiht. Ich kann nicht warten, bis mir die Brücke, die es zu überqueren gilt, endlich vor Augen liegt. Gewiß, auch ich habe meine Museumsgänge absolviert, mich aber weder in den Uffizien noch im Louvre zu Hause gefühlt, allenfalls in der Münchner Glyptothek, wo ich, ein Fremdling auch dort, jedoch ein wohlgelittener, griechischen Marmor betastete. Mit vierzehn kämpfte ich mich durch Egon Friedells *Kulturgeschichte Griechenlands*, nichts blieb im Gedächtnis außer der Anmerkung zur griechischen Luft, deren Durchsichtigkeit alles in festen Umrissen, klaren Kontrasten und starken «Tinten» erscheinen lasse. Kein Ort für mich. Nur minutenkurz habe ich mich dem Licht der Akropolis ausgesetzt. Was sollte ich dort, sie war ja längst, ein zitterndes Spiegelbild, in mich eingegangen. Die Tinte, die meine Finger befleckt, gegen eure Tinten.

Ich schreibe, was ich höre. Das Auge des Lesers, zumindest meines, ist ein Ohr. Wie ich aus zuverlässiger Quelle vor kurzem erfuhr, ist der Hörsinn der erste, der im Mutterleib entwickelt wird; was das embryonale Hänschen nicht lernt, lernt der externe Hans nimmermehr: das Sprechen und Denken. Augen sind einstweilen unnötig, weil es nichts zu sehen gibt und die Bewegungsfreiheit sich in engen Grenzen hält. Der Ohrenmensch legt auch später auf Mobilität keinen gesteigerten Wert.

Ich gebe zu, daß ich Phasen durchlebt habe, in denen mir Bilder über alles gingen. Ich schnitt aus Zeitungen, Zeitschriften und Glanzpapierprospekten Hunderte von Gemälden aus und ordnete sie nach ihren Schöpfern alphabetisch in Mappen. Ich sammelte auf zögernd unternommenen Reisen Eindrücke gotischer Kathedralen von Nürnberg über Chartres und Salisbury. Ich fuhr fünfunddreißigmal nach Rom und versäumte kein einziges Mal den Besuch meiner Lieblingskirche Santa Maria del Popolo mit dem nach einem Entwurf Raffaels geschaffenen seinem Walfisch entsteigenden Jonas. In der Chigi-Kapelle ist man ungestört, weil der Rest der Welt sich vor den Tafelbildern des Caravaggio ballt. Aber dieser Voyeurismus ist ein Relikt aus einer längst versunkenen Zeit, als ich fünfzehn-, sechzehnjährig dem Einfluß eines seinerseits völlig unmusikalischen, mit Haut und Haar der Kunst, die diesen Namen immer wieder einmal in ärgerlicher Selbstüberhebung für sich allein beansprucht, verschworenen Schulkameraden erlag.

Noch war im Musiksaal die *Unvollendete* nicht erklungen. Die Stunde war ungeliebt, weil der Lehrer fast nur damit beschäftigt war, die Fortschritte des Stimmbruchs in unseren Kehlköpfen zu überprüfen; sein ungeteiltes Interesse galt dem Schulchor, und er brauchte dringend seinen Sopranen und Altisten korrespondierende sogenannte Männerstimmen. Wir mußten der Reihe nach antreten und die erste Strophe von *Sah ein Knab ein Röslein stehn* singen, was uns, die wir den eminent sexuellen Charakter des Goetheschen Textes nicht begriffen, besonders kindisch vorkam. In manchen Fällen führte das Verfahren vor den zwei Mädchen unserer Gemeinschaft zu peinlichen Entblößungen; deutlicher als die Sprechstimme, die man nach unten drücken konnte, verriet die Singstimme den Stand der körperlichen Reife. Um den war es bei einigen Kameraden überraschend kümmerlich bestellt. Es kam der Tag, da der Lehrer von unserer berühmten Brücke in die Donau sprang, und sein Nachfolger machte es sich leicht, indem er nahezu kommentarlos Schallplatten abspielte – in einer Lautstärke, die offenbar das im Musikunterricht notorische Disziplinproblem im Keim ersticken sollte. Ach, mir konnte die *Unvollendete* gar nicht laut genug sein. In Sekundenschnelle überflutete sie den Saal, riß mir die Beine fort, stieg bis zum Hals und trug mich hinaus ins offene Meer der Musik. Ich war in meinem Element, auch wenn ich kein Instrument beherrschte, keine Partitur lesen konnte.

Freunde spielten freilich auch hier eine Rolle. Florian Furtwängler, die Schule lag schon ein paar Jahre hinter mir, machte mir nicht nur am Beispiel der *Unvollendeten* vor, wie sein Onkel dirigiert hatte, und demonstrierte zur Unterscheidung die allzu sparsamen Bewegungen des in der Familie wenig geschätzten Knappertsbusch. Wenn ich allein war, wurde ich meinerseits, einen Bleistift in der Hand, zum Chef der Berliner oder Wiener Philharmoniker.

Aber der Dirigent, der seinem Orchester den eigenen Willen aufzwingt, ohne sich ihm zu unterwerfen, ist nicht mein Fall. Er muß erst ganz Ohr gewesen sein, ehe er den Taktstock erhebt. Das Ohr ist empfangend, das Auge zeugend. Der Augenmensch verwirklicht sich als Draufgänger, als Welteroberer, der Ohrenmensch verhält sich abwartend; was er spricht, ist immer schon Antwort. Insofern vertritt das Ohr den weiblichen, das Auge den männlichen Anteil, deren Vorhandensein, unabhängig von der primären Geschlechtszugehörigkeit und deren Funktionen nicht berührend, jeden Menschen mitbestimmt.

Der Ohrenmensch leiht sein Ohr einem Chor von Stimmen. Zu viele reden unaufhörlich auf ihn ein. Am Augenmenschen prallt dieser Hagel von Imperativen und guten Ratschlägen schon bald ab, der andere steht mindestens die ersten zwei Jahrzehnte seines Lebens an den Pfahl seines Ohrenmenschentums gebunden, starrend von den Pfeilen, die Eltern, Verwandte, Gäste, Geistliche, Lehrer, Freunde, angelockt von seiner sich nackt darbietenden Verwundbarkeit, unaufhörlich auf ihn abschießen. Mitleid ist unangebracht; Sebastian ist kein Opfer. Er genießt die Anziehungskraft, das Zielscheibenhafte seiner Halbwüchsigkeit. Die auf ihn zielen, wollen ihn ja nicht töten, sondern zu einem Leben erwecken, das ihnen seine Gefolgschaft sichert. Er soll sein wie sie. Spät, wenn überhaupt, zerreißt er die Fessel, die ihn an den Pfahl bindet. Die Pfeile fallen ab, die Wunden bleiben, die Wunden vernarben, das Gift kreist im Blut.

Ich höre den Vortrag eines begeisternden Redners; lausche der Lesung eines hinreißenden Rezitators und bin eben nicht nur begeistert und hingerissen, sondern ganz und gar eingenommen. Eingenommen: das scheinbar schwächere Wort meint die stärkere Wirkung. Ein bestimmter Tonfall, ein besonderer Rhythmus haben mich in ihrer Gewalt; wenn ich selbst etwas vortrage oder rezitiere, spricht ein andrer aus mir. Ein paar Tage oder Wochen oder Monate lang – bis der nächste Okkupant sich meiner bemächtigt.

Von meinem Vater, der ein Gärtner und Jäger war, aus der Donau Huchen und Waller «ans grelle Taglicht» zog, wie der Dichter meiner Heimatstadt sang, sehr gut zeichnete, Stühle und andere Möbelstücke und mir die Köpfe für ein ganzes Puppentheater schnitzte, mit siebzig sein goldenes Sportabzeichen erneuerte, in allem, was er anfing, eine glückliche Hand bewies (nichts gehört enger zusammen als Auge und Hand), habe ich so gut wie nichts geerbt. Der einzige Sohn trat nicht in seine Fußstapfen. Im Regensburger Garten wartete ein von ihm gebautes Holzgestell mit einer Turnstange vergeblich auf einen Heranwachsenden, der sich an ihr ertüchtigen sollte. Eine Jugendgewicht-Eisenkugel mußte kunstgerecht (der Vater machte es mir geduldig vor) über bestimmte genau markierte Entfernungen auf einer in den Kies gezeichneten Bahn gestoßen werden. Der Wurf war ungültig, wenn die Startlinie um den kleinsten Schritt übertreten wurde. Es gab andere Übertretungen, vor denen mich der Sport bewahren sollte. Ich aber wies das Rettungsmittel zurück.

Mein Vater, der Augenmensch par excellence. Trotzdem hatte er etwas übrig für Wagner. In den Sommern 1930 und 1931 folgte er seinem durchlauchtigen Fürsten und Herrn aus Regensburg nach Bayreuth. Man wohnte privat. Dem Festspielführer war eine Liste aller Besucher mit den Adressen ihrer Unterkünfte beigegeben. Die Festspiele wurden am 22. Juli mit der *Tannhäu-*

ser-Neuinszenierung von Siegfried Wagner eröffnet, am 23. folgte *Tristan*, am 25. *Parsifal* und vom 26. bis 31. Juli der *Ring*. Am letzten Tag erlebte man im letzten Akt der *Götterdämmerung* Siegfrieds Bühnentod. Des anderen Siegfried realen Tod (aber was heißt in diesem Fall schon real?) am 4. August hat mein Vater verpaßt. Man war abgereist. Im nächsten Jahr wehte durch das gleiche Programm ein neuer Wind. Winifred regierte, der Dirigent Karl Muck, den nach Auskunft des Festspielführers «ein Akt der Resignation von seinem Bayreuther Amt gelöst» hatte, war durch Wilhelm Furtwängler ersetzt. Sicher hat mein gewissenhafter Vater die «Leitsätze für Festspielbesucher» ernst genommen: «Die Seele wie der Körper Dein / soll rein zum Festgenusse sein. / [...] Die Dichtung lies daheim vorher, / Dann folgest Du der Handlung eh'r. / [...] Es soll Dein ganzes Sinnen streben; / Erlebtes sei Gewinn fürs Leben!»

Er war musikalisch, verstand etwas von Singstimmen, ging von Zeit zu Zeit in die Opern- und Operettenaufführungen des Stadttheaters. *Meine* Wagnerliebe ist die des extremen Ohrenmenschen. Ich habe, gesteh ichs nur, in drei Jahrzehnten hundertfünfundfünfzig Bayreuther Festspielaufführungen absolviert. Ich kann nicht restlos einstimmen in den Chor derer, die tremolierend behaupten, große Kunstwerke seien unerschöpflich. Schon bei der *Unvollendeten*, die ich zu oft hörte, weil sie lange Zeit meine einzige Langspielplatte war, bin ich eines Tages eingebrochen, wie man auf einer dünngewetzten Eisdecke einbricht. Daß sich Beethovens *Fünfte* schneller verbraucht als Altdorfers *Alexanderschlacht*, hängt wohl auch mit der besonderen Nähe der Musik zur Zeit zusammen. Eigentlich ist sie die Zeit selbst, die ihre Stimme erhebt, die Klang gewordene Zeit.

Als Ohrenmensch bin ich meiner Mutter nachgeschlagen, die nicht zeichnen oder gar malen konnte, dafür aber schon im zartesten Kindesalter mit einer Viertelgeige in den Violinunterricht gebracht wurde. Mein Vater erzählte nie etwas von seinen Eltern, von seiner Kindheit, vom Krieg in Frankreich, den er vier Jahre mitgemacht hatte, um am Ende auch noch verschüttet zu werden. Nur soviel erfuhren wir, daß er, nachdem man ihn geborgen hatte, einige Wochen blind gewesen sei – er, der Augenmensch. Er ging, laßt die Toten ihre Toten begraben, ganz und gar auf im Jetzt und Hier. Die Vergangenheit war das Land des Todes, das Unabänderliche, Unkorrigierbare, Ungestaltbare, jede Berührung Zurückweisende, ein mumifiziertes Ägypten. Wie anders die Mutter. In den für ihre Kinder geschriebenen Erinnerungen und zahllosen Gesprächen atmete sie der verzweigten Familiengeschichte eine zweite Gegenwart ein. Der abgestorbene Kindheitsbaum trieb wieder Blätter, begann zu blühen. Ihre große Liebe für das Garmischer Familienhaus und das Werdenfelser Land wurzelte in Urerlebnissen, die sich hier abgespielt hatten, beispielsweise dem Erwachen unter Kuhglockengeläut im sogenannten Vogelzimmer, der quäkenden Stimme Carusos aus dem Grammophon der neunzigjährigen Tante Victoire, dem unter den Händen ihrer Mutter wohltemperiert ertönenden Piano, das sich schlagartig in ein Orchester verwandelte, wenn Richard Strauss es berührte, der alle paar Tage aus seiner Villa herüberkam.

Meine geigenspielende Mutter verfügte über einen im Familienkreis vielgerühmten Strich und hatte es bis zu Beethovens Violinkonzert gebracht. Das war der Höhepunkt einer Karriere, die nach ihrer Heirat im Sande verlief, einem Sand, aus dem sie das kostbare alte, ihr von einer Freundin der Mutter vererbte Instrument nur noch an Weihnachten für das obligate *Stille Nacht, heilige Nacht* hervorholte. Es wurde aber auch im Ruhestand hoch in Ehren gehalten, seiner Spenderin halber, Tante Lene Luxburg, die jeden Sommer in der Garmischer Villa Klarwein ein Stockwerk mietete, um der vergötterten früh verwitweten Freundin mit ihren zwei kleinen Mädchen, meiner prädestinierten Großmutter, so nahe wie möglich zu sein.

Im Bündnis meiner Eltern fanden Augen- und Ohrenmenschentum zusammen. Das klingt nach glücklicher Dialektik, gelungener Ergänzung. Wirklich schreibe ich die Unverbrüchlichkeit ihrer fünfundvierzigjährigen Ehe auch dieser Polarität zu, bin mir aber bewußt, daß die beiden Elemente nicht gleichberechtigt neben- und miteinander existieren können. Die Herrschaft gehört dem Auge, das Schicksal des Ohrs heißt Unterwerfung. Dieses Mißverhältnis verschärft sich, wenn, wie im Fall meiner Eltern, der Part des Ohrenmenschen und die Rolle der Frau zusammenfallen.

Kein Drandenken, daß mein geradliniger und willensstarker Vater seiner über alles geliebten Frau gegenüber mit dem Anspruch auf Herrschaft, gar als Unterdrücker aufgetreten wäre. Er erwartete von ihr lediglich, was nahezu alle Welt von jedermann und eben auch jederfrau erwartete: daß sie die Aufgaben, die ihr im Rahmen der gegebenen Lebensverhältnisse zufielen, zuverlässig erfülle, und das lief auf Augenmenschen-Qualitäten hinaus. Wie damals mit größter Selbstverständlichkeit Linkshänder im ABC-Schützenalter «umgestellt» wurden, so mußten geborene Ohrenmenschen in einem längeren und weniger auffallenden, aber viel einschneidenderen Prozeß Eigenschaften des Augenmenschen entwickeln, wenn sie nicht unter die Räder kommen wollten. Die Geige verstummte. Ach, nicht nur sie. Meine Mutter war selbst ein Musikinstrument, reich- und reintönend wie eine Silbermannorgel. Wie sie anfing, durfte sie nicht bleiben. Ihre unerschöpfliche Resonanz-Begabung für den polyphonen Klang der Welt wurde durch Anforderungen gebrochen, denen sie sich gewachsen zeigen mußte und wollte. An der Fruchtwerdung gehemmte Blütenfülle, blockierte Anläufe, grausam überforderte Kräfte, von Tüchtigkeit erstickte Daseinsfreudigkeit. Alles Ursprüngliche noch unabgestorben, lediglich verdrängt, immer wieder hervorbrechend, sich verströmend, überwältigenden punktuellen Ausdruck sich verschaffend. Mitten im Krieg, als sie fast zweihundert Kilometer von ihrem Mann getrennt, mit Kindern und pflegebedürftiger Mutter auf dem Land lebte, weil hier voraussichtlich weniger Bomben fielen als in der Stadt, kein Auto zur Verfügung stand, der Weg zum nächsten Laden, in dem es ohnehin fast nichts zu kaufen gab, fünf Kilometer betrug, der Garten eine Kuh ernährte, die ihrerseits den Hauptanteil unserer Ernährung bestritt, das siebenhundert Jahre alte Gemäuer, das ihr kürzlich von einer Cousine zugefallen war, Zimmer für Zimmer eigenhändig mit Holz beheizt werden mußte, ihre beiden Ältesten von ihr jeden Vormittag unterrichtet wurden, wozu die zuständige Nazibehörde ihr wegen der Abgelegenheit der Volksschule die gnädige Erlaubnis erteilt hatte, sie mit dem für einen alten Pelzmantel eingetauschten Rad, um Mehl und Eier zu hamstern, in die umliegenden Dörfer, und, um Bürokratisches zu erledigen, in die zwölf Kilometer entfernte Kreisstadt fuhr, auch noch die der Geburt ihres vierten Kindes im Mai 1944 Entgegensehende, Hausgeburt natürlich, kein Arzt, eine ungeduldige Hebamme, die um ihr Münchner Haus bangte, sie am Morgen nach der Niederkunft verließ, mitten im Krieg also schrieb sie Abend für Abend an tief in die Vergangenheit ausgreifenden Erinnerungen – der Krieg war verloren, es war völlig offen, welche der vier Siegermächte den Landesteil mit seiner in einen rauchenden Trümmerhaufen verwandelten Hauptstadt der Bewegung erobern und besetzen würde, man mußte sich auf das Schlimmste gefaßt machen, aber vielleicht hatten die Kinder eine größere Überlebenschance, dann sollten sie auf 220 Seiten wenigstens nachlesen können, woher sie kamen, wer sie eigentlich waren. Sie schrieb noch, als die feudaler Privilegien überfallartig beraubten Verwandten aus Böhmen und Ungarn eintrafen und standesgemäße Unterkunft begehrten, die Amerikaner – gottlob, die Amerikaner! – für zehn Wochen das Gebäude besetzten und seine Bewohner in den wenigen umliegenden Behausungen Zuflucht finden mußten: ihre geistesabwesende Mutter mit deren Betreuerin im winzigen Häuschen unseres Waldaufsehers, wo sie prompt nach fünf Wochen starb, wir mit ihr selbst und unserer sogenannten Deta im Benefizium, einem kirchlichen Anwesen, zum unverhohlenen Mißmut des geistlichen Herrn und seiner Schwester, die ihm den Haushalt führte. Und dabei leistete ich ihm doch seit kurzem bei der täglichen heiligen Messe, die er in unserer Schloßkapelle zelebrierte, Ministrantendienste.

Das Latein hatte mir ein ältliches Fräulein beigebracht, das in den letzten Kriegstagen bei uns aufgetaucht war. Durch den Tod der uralten Baronin, als deren Gesellschafterin sie jahrzehntelang ein kümmerlich sorgenfreies Dasein gefristet hatte, des Lebenssinns, durch den letzten Fliegerangriff auf München mit

Ausnahme des Köfferchens, das ihr Luftschutzgepäck bildete, ihrer materiellen Seinsgrundlage beraubt, klopfte die völlig Unbekannte, das besagte Köfferchen in der Hand, asylsuchend an unsere Tür. Sterbend hatte ihr die Baronin unseren Landsitz ins Ohr geflüstert, dort würde sie sich vor den Nachstellungen des Feindes in Sicherheit bringen können. Obwohl das Haus überfüllt war, empfing sie die Mutter mit offenen Armen. Als Fräulein Glockner wenige Tage später vor dem den Sieg einer «Freiheitsaktion Bayern» verkündenden Radio sich als zunächst zornrot anschwellende, dann, da der Gauleiter in das Mikrophon des zurückeroberten Senders sein «Ausgerechnet Gerngroß!» brüllte (so hieß der Hauptmann, der den Aufstand angezettelt hatte), als beifallklatschende Nazisse entpuppte, war es um die mütterliche Gunst geschehen. Sie wurde keines Wortes mehr gewürdigt, wenn sie, den dürren Arm schüttelnd, um den Blutkreislauf, wie sie sagte, anzukurbeln, am Familientisch saß und notgedrungen an den Erzeugnissen unserer Kuh partizipierte. Sie revanchierte sich mit ihrem Kirchenlatein, das mir glatt ins Ohr ging. Aber ehe ich zum Introitus-Dialog mit dem Priester antreten durfte, oblag es mir, die hohen Altarkerzen anzuzünden – mittels einer Stange, an deren oberem Ende ein wachsumkleideter brennender Docht befestigt war. Ich versagte aufs kläglichste. Unter den Blicken des kopfschüttelnden Benefiziaten versuchte ich vergeblich, mit meiner Stange die stummeligen Dochte der sechs Kerzen zu berühren. Ich verfehlte sie ausnahmslos. Schließlich nahm mir der Geistliche, etwas Verächtliches murmelnd, das Ding aus der Hand und besorgte die Sache selbst. Eine Niederlage: Meine bisher erfolgreich geheimgehaltene Kurzsichtigkeit war der ganzen Gemeinde sichtbar geworden. Was nützte da noch mein fließendes *Et cum spiritu tuo*?

Der Tag war verdorben. Aber ich setzte auf Zukunft, auf den mit der von Fräulein Glockner bejammerten «bedingungslosen Kapitulation» («Weißt du, was das heißt: be-ding-ungs-los?!») markierten Anfang eines sich ins Unabsehbare erstreckenden Zeitalters, in dem ich Latein, vielleicht sogar Griechisch lernen würde und die Reichtümer einer der verwüsteten Gegenwart unendlich überlegenen Vergangenheit an noch ungeborene Schüler weitergeben würde. *Carpe diem* lautete die gleichfalls lateinische Parole des Augenmenschen. Sie war nicht die meine. Pflücke den Tag! Da hängt er am herbstlich kahlen Baum, ein in warmem Golde fließender September, ein leuchtender Oktober sind vorüber, ach vorüber, die ersten Nachtfröste haben sich zur Stelle gemeldet, der Apfel der Erkenntnis schmeckt bitter. Auch im Gedicht des Horaz, dem die Sentenz enttönt, herrscht schon Eiseskälte, Sturm peitscht das Meer gegen die Klippen, es ist, er ahnt es, der letzte Winter, den Jupiter dem Dichter gewährt. Nichts ist unbeständiger als der Tag, von dem nur eines gewiß ist: daß er demnächst, gepflückt oder nicht, für immer vergangen sein wird. Man pflückt Blumen oder Früchte; Blumen welken, Früchte faulen.

Was übrigens die Violine betrifft, deren unermeßlichen Wert anzudeuten die Mutter bei keiner Gelegenheit versäumte, eine Amati, lautete das gehauchte Zauberwort, möglicherweise, ja höchstwahrscheinlich eine Amati, jammerschade, daß die erblindete Tante Lene die Expertise nicht mehr hatte finden können, so war deren Schicksal in einer eben doch überwiegend zum Schauen bestellten Familie nur folgerichtig. Der fünfzehnjährige Enkel ließ sie auf der Heimfahrt von der Stunde, dem letzten Versuch, ihm zum Ohrenmenschentum zu verhelfen, in der Untergrundbahn liegen. Sie tauchte nie wieder auf. Beim krönenden Abschluß des Schulkonzerts, im letzten Satz von Mozarts Klarinettenkonzert, riß eine Saite des ihm zugewiesenen billigen Ersatzinstruments. Es fiel nicht weiter auf: Sein Platz im Orchester war nicht exponiert.

PUBERTÄT DAMALS

Dazu verurteilt zu sein, beim Aufwachen jedesmal als erstes an das Geschlecht erinnert zu werden. Neuerdings. Bisher hatte sich dieser Körperteil meistens ruhig verhalten. Wie der alleinstehende Herr Cervenka aus Prag, den das Flüchtlingsamt der Familie zugewiesen hatte, weil im Souterrain ein Raum leergestanden hatte. Ein unauffälliger Mitbewohner. Ludwig war ein gefügiges Kind, im Sommer, als er mit Mutter und Schwestern die Ferien wie jedes Jahr auf dem Land verbrachte, in einem Dorf, wo man im behäbigen Gasthof zur Post zwei geräumige Zimmer innehatte, sang er sonntags im spärlich besetzten Kinderchor lateinische Messen, ohne dich könnten wir einpacken, versicherte ihm die Schwester des Pfarrers, die das Harmonium bediente. Er sang gern, war stolz auf seinen silbernen Sopran, der mühelos in notierte Höhen kletterte. Im vergangenen Sommer war der Dreizehnjährige allerdings manchmal heiser gewesen und mußte den einen oder anderen Ton auslassen, ich muß mich beim Baden erkältet haben, erklärte er, und Fräulein Josefa machte ein kummervolles Gesicht. Jetzt war Herbst, das Schuljahr war in vollem Gang. Er konnte das Wort Schwanz, das er gelegentlich von seinen Mitschülern hörte, nicht leiden, nur Pimmel war noch blöder, Penis klang lächerlich professionell, die Spitze, die Hamlet im Stadttheater gegen Ophelia im Munde geführt hatte, verdankte sich einem Wortspiel des Übersetzers: Ludwig schaute, kaum aus der Sonntagnachmittagsaufführung heimgekehrt, in der zweisprachigen Ausgabe nach, da stand *edge*, also Schneide, damit war nichts anzufangen, so blieb einzig der peinliche Name Glied. Im Deutschunterricht war häufig von Satzgliedern und Gliedsätzen die Rede, offenbar dachte die Lehrerin sich nichts dabei, er schon. Am Morgen beim Aufwachen war er mit sich allein, und die körperliche Sensation spielte sich namenlos ab. Er versuchte das verlorene Gleichgewicht zu retten, indem er, noch traumbefangen, seine Gedanken über den Körper wandern ließ, sie der Reihe nach auf einzelne unverfängliche Partien wie Strahlen durch ein Brennglas konzentrierte. Das Universum zog sich zusammen zum linken kleinen Finger, zur rechten Kniescheibe. Aber unweigerlich landete er jedesmal viel zu rasch an derselben Stelle. Etwas in seinem Rückgrat verkrampfte sich zu einem noch nie gespürten Lustgefühl. Was Lotte, eines von vier Mädchen in seiner Klasse, beim Aufwachen fühlte, konnte er sich nicht vorstellen, er wußte nur, es konnte nicht das sein, was ihm geschah. Er war froh, daß er kein Mädchen war. Der erste Erguß kam unwillkürlich während des Schlafs. Das mußte er nicht beichten, er konnte ja nichts dafür. Am Morgen danach nahm er wie jeden Dienstag an der Gemeinschaftsmesse teil. Stramm stand er inmitten seiner Jugendgruppe und empfing den Leib des Herrn.

Außer der nahezu ungenießbaren Schulspeisung, einem undefinierbaren ins Violette spielenden Brei, mit dem die Militärregierung der Sieger den Hunger der heranwachsenden Jugend nur halb zu stillen gewillt war, sollte sie doch nie wieder die

Kampfeslust ihrer Väter entwickeln, gab es fast nur Rüben und Kartoffeln, nur wenig Fett und noch weniger Fleisch zu essen, ein Tatbestand, der sich verzögernd auf den Eintritt der Geschlechtsreife auszuwirken schien. Auf die der Jungen. Sie blieben noch weiter als ohnehin hinter den Mädchen zurück, die offenbar auf bestimmte Nahrungsmittel weniger angewiesen waren und ihre Tage hatten, während die andere Seite von Stimmbruch und Erektion meilenweit entfernt war und von dem, was die spärliche Schar der Avantgarde hinter vorgehaltener Hand Wonnekleister nannte, kaum zu träumen wagte. In der Turnstunde mußten die Schüler jeden Monat vor einer vorsintflutlichen Waage antreten, und fast alle hatten Untergewicht, auch Ludwig blieb dauerhaft unter der Vierzigkilomarke, den Sprung über den Kindheitszaun hatte er trotzdem geschafft.

Die in der Nachbarschaft des Gymnasiums gelegene Tanzschule des ehemaligen Solotänzers, der dem Stadttheater einen inzwischen seit vielen Jahren erloschenen Glanz verliehen hatte, pflegte die Fünfzehnjährigen zum Tanzkurs zu laden, der, wie Herr Huber auf einem in den neunten Klassen verteilten Brief an die Eltern betonte, die erforderliche Begegnung der Geschlechter in einer ebenso zwanglosen wie sinnvoll geregelten Weise ermöglichen würde. Er ignorierte, daß sie nicht zustande kommen konnte, weil die meisten Vertreter des männlichen Geschlechts noch ganze oder halbe Kinder waren. Beim Abschlußkränzchen, das unter der wohlwollenden Ägide der Mütter stattfand, führten Knaben mit glatten Gesichtern und sich überschlagenden Stimmen vollbusige junge Damen durch das rhythmische Labyrinth von Foxtrott, Tango und Rumba. Drei oder vier der ungleichen Paare glänzten durch eine von heftigem Beifall begleitete Meisterschaft. Ludwig, der kein guter Tänzer war, hatte den Eindruck, daß die sexuell am meisten überforderten Klassenkameraden sich auf dem Parkett besonders hervortaten. Wo die Natur versagte, blühte die Kunst. Der Musiklehrer hatte von den berühmten italienischen Kastraten erzählt, die Frauenrollen sangen. Aber schließlich kam es eben doch nicht auf das hohe C an; den Kampf ums Dasein entschied das Geschlechtliche.

Auf Schritt und Tritt stieß Ludwig auf seine Allgegenwart. Warum denn nannte man einen Lehrling Stift, warum war von einem Ladenschwengel die Rede? *Pars pro toto* hieß das im Deutschunterricht, wo es mittlerweile keine Gliedsätze mehr gab, weil lateinisch gesprochen wurde. Auf einmal verstand er, in welchem Ausmaß der Körperbau von Männern und Frauen aufeinander bezogen war. Raubvögel hatten Gesichter, die vollkommen im Hinblick auf die Beute, die sie erjagen wollten, gebildet waren. Und die meisten Männergesichter drückten lediglich die Bestimmung ihrer Träger aus, sich mit Frauen zu paaren, die ihrerseits nichts als Empfangsbereitschaft zu erkennen gaben. Unter der dünnen Oberfläche von Liedern und Märchen zeichnete sich eine zweite eigentliche Bedeutung ab; es war ihm unfaßbar, wie er sie bisher hatte überhören können. Hatte das Volkslied ihn nicht längst auf die Spur gestoßen, das ihn aufforderte, zu sagen, wer das Männlein im Walde sei mit seinem purpurnen Mäntelchen? Hinter Hänsels Finger, den die Hexe zu befühlen begehrte, verbarg sich niemand anderes als eben jenes Männlein, nicht dem Knabenfleisch galt ihr Hunger, vielmehr seinem Geschlecht, dessen Reife-Fortschritte sie Tag für Tag überprüfte. Hänsel kam noch einmal davon, er hatte die Hexe getäuscht, durfte noch einmal Kind sein. Was jenem Hans verwehrt war, von dem eine Frauenstimme im Radio triumphierend beteuerte: «Aber mein Hans, der kanns!» Vordergründig sprach der Schlager von einer Skikanone. Aber Skilaufen war Sache der Hänsels. Hier ging es um etwas anderes, um *das* andere.

Inzwischen war man in die zehnte Klasse vorgerückt, einige waren aus den Sommerferien mit gefestigten Bässen zurückgekehrt, andere absolvierten im Laufe des Jahres den Wechsel ihres Organs unter wochenlangem Tremolo, eine kleine Gruppe schien sich verschworen zu haben, am Diskant unter allen Umständen festzuhalten, aber die Front der Pubertätsverweigerer brach bald zusammen. Alle Vorgänge dieser Art spielten sich nach außen wenig dramatisch ab. Die Lehrer nahmen keinerlei erkennbare Notiz von den Entwicklungsschüben ihrer Klientel, und auch die meisten Schüler waren viel zu sehr mit der eigenen Metamorphose beschäftigt, um sich um die der Kameraden zu kümmern. Flüchtige Aufmerksamkeit erregte Manfred, der drei Tage vom Unterricht befreit worden war, weil der Internatszögling zur Beerdigung seiner Mutter nach Westfalen fuhr, als piepsender Kanarienvogel fortgeflogen und als krächzender Rabe zurückgekehrt war. Mit einer gewissen Spannung verfolgte man das Schicksal von Peter und Paul, den eineiigen Zwillingen, die nicht zuletzt ihrer Ununterscheidbarkeit ihr schulisches Fortkommen verdankten und nun plötzlich mit einer jeweils eigenen Identität dastanden: Peter mit kerniger, Paul nach wie vor mit ungebrochener Stimme. Mitleid schließlich wurde dem allseits beliebten Matthias zuteil, der das volle Schuljahr mit zwei Stimmen hinter sich bringen mußte. In seiner Kehle war ein Kampf entbrannt. Bei ruhiger Gemütslage kam es rauh und rostig aus ihm heraus, geriet sein Blut aber in die geringste Wallung, und dazu genügte es schon, daß er aufgerufen wurde, schaltete sich unweigerlich die Oberstimme ein, ein hoher, heller Mädchensopran. Als ob er sich zwischen zwei Elementen nicht entscheiden könne, unentschlossen, ob er weiterhin im Wasser der Kindheit schwimmen oder sich endlich aufraffen solle zum Flug mit den Geschlechtsgenossen. Ludwig litt darunter, daß er jedes Detail des bösen Spiels, zu dem sein Banknachbar und Freund nun einmal gute Miene machen mußte, so genau registrierte, daß er überhaupt, wie ihm schien, der einzige wache Beobachter des Verwandlungsprozesses war, der in so vielen Variationen zwischen den vier kahlen Wänden des Klassenzimmers ablief.

Am ersten Morgen des neuen Schuljahrs dann hatte die erschütterte männliche Welt ihren vorläufigen Frieden gefunden. Ganz unabhängig von seiner Lehrplanexistenz im Biologieunterricht der überstandenen zehnten Klasse hatte das Testosteron bei jedermann seine Wirkung getan. An den sexuellen Verbalorgien, die jetzt an der Tagesordnung waren, beteiligte Ludwig sich nicht; er überhörte, wenn von Flötensolo, Selbstbedienung oder Soforthilfe die Rede war. Ihm genügten die nächtlichen Pollutionen. Dann lag Lotte neben ihm, eine zweite Lotte, die sich von seiner ahnungslosen Mitschülerin abgelöst hatte, ein Körper aus Luft. Er spürte keine Ungeduld. Bis zum ersten Mal war der Weg noch beruhigend weit.

STUNDENPLAN 1950

RELIGION

Zwischen acht Uhr fünfundvierzig und neun Uhr dreißig glaubten wir an Gott und alle Heiligen. Man bekam gute Noten dafür. Religion war die Eins im Zeugnis, mit der ich zuverlässig rechnen konnte. Nicht zufällig war der Gottesleugner Nietzsche verrückt geworden. Nietzschelesen war eine Sünde wie Selbstbefriedigung und Rauchen. Alle Bücher, die meine Neugier reizten, standen auf dem Index. Enthaltsamkeit lautete die Parole. Es winkte himmlischer Lohn.

GRIECHISCH

Gnothi seauton stand auf dem Titelblatt des Übungsbuches. Aber da war, mangels Masse, beim besten Willen nichts zu erkennen. Der Verfasser hieß Früchtel. Wir unreifen Früchtchen nährten uns von Nektar und Ambrosia. Wurde ich, der ich bin?

BIOLOGIE

Von Fortpflanzung war nicht die Rede. Der Lehrer gratulierte uns zum Stimmbruch, das war's schon. Vor dem Fenster spielte der Wind im Laub der Kastanie, in der Pause berührte ich eine der Blütenkerzen, meine Finger waren für den Rest des Vormittags klebrig.

DEUTSCH

Bismarck schreibt man mit ck, ließ uns die Lehrerin wissen. Sie schrieb den Namen mit quietschender Kreide an die Tafel. Papierschnitzel flogen ihr nach.

MUSIK

Das Wort Programmmusik, in dem sich neuerdings der Buchstabe *m* so breit gemacht hat wie eine ausufernde Schlammpfütze zwischen Blumenrabatten, sahen wir nie geschrieben, hörten es immer nur aus dem Mund des Lehrers, von einem unwillkürlichen Gesichtverziehen begleitet. Es galt dem Element des Außermusikalischen, das ihr anhaftete, ein Geburtsfehler, dessen sie sich nicht schämte, ein Muttermal, das sie offen zur Schau trug. In der Tat: Programmmusik konnte man *sehen*. Ich stand an den Quellen der Moldau, sah, wie sie aus hellgrünen Moospolstern ans Morgenlicht eines Buchenwaldes perlten, jagte auf meinem Vollblut einem Wild nach, mischte mich unter die tanzenden Burschen der Bauernhochzeit, glitt im Schlauchboot über die St. Johann-Stromschnellen, trieb im breit dahinströmenden Bett und rettete mich ans Ufer, ehe das Wahrzeichen Böhmens in der Ferne entschwand. Dem Widerwillen zum Trotz, mit dem er das Wort in den Mund nahm, ließ der Lehrer auf dem neu angeschafften Plattenspieler fast nur Programmmusik ertönen. Die Moldau führte, in weitem Abstand hüpfte grimassenschneidend Till Eulenspiegel ihr nach. Es war viel einfacher, erfolgversprechender auch, seine Streiche, die abwechslungsreichen Episoden einer lustigen, wenn auch mit der Hinrichtung des koboldartigen Helden endenden Geschichte, dem Tongemälde abzulesen als die Sonatenform oder den Kontrapunkt zu erklären.

MATHEMATIK

Das Geheimnis der Primzahlen blieb ungelöst. Alles lief auf Gleichungen hinaus, das war die horizontale Betrachtung der Welt. Fünf plus fünf war gleich zehn, aber auch zwei plus acht war gleich drei plus sieben. Mit derlei Identitätsaussagen wurde unsere im Werden begriffene Identität bedenkenlos gefüttert. So verschieden die Arten des Gegebenseins sein konnten, es kam doch dasselbe heraus. Hast du's herausgebracht, fragte der Klassendümmste regelmäßig den Primus und schrieb mit fliegender Hand die Hausaufgabe ab. Meistens lautete das Ergebnis Null, womit bewiesen wurde, daß auch das Nichts existierte. Bei Gleichungen fünften Grades sei, so der Lehrer, die Schallgrenze erreicht. Bei mir war sie es schon viel früher. Ich zog die vertikale Weltbetrachtung vor: Es war unmöglich, beim Zählen nach oben an ein Ende zu kommen. Eine höchste Zahl gab es nicht, es sei denn, Gott hätte an einer bestimmten Stelle aus unerforschlichem Ratschluß ein Machtwort gesprochen. Der Mathematiklehrer wollte davon nichts wissen.

LATEIN

Das Hauptfach schlechthin. Es war nicht nur jeden Tag im Stundenplan verankert, sondern beanspruchte auch die besten Plätze: Fünfte und sechste Stunden waren für Nebensächlichkeiten wie Englisch oder Erdkunde da. Die Oberherrschaft des

Lateins erstreckte sich noch auf den Sonntag: In der heiligen Messe hatte die Muttersprache außer auf der Kanzel, aber die Predigt dauerte nie länger als zehn Minuten, nichts zu suchen. Priester und Ministranten unterhielten sich lateinisch. Der Unterricht glich einer Meerfahrt mit zahlreichen Klippen. Mit unbeirrbarer Zwangsläufigkeit steuerte sie auf den lebensgefährlichen Strudel zwischen *AcI* und *Consecutio temporum* zu: Wer dem einen Ungeheuer entrann, wurde gewöhnlich das Opfer des andern. Viele waren berufen, nur sehr wenige auserwählt; Latein sorgte für Auslese. In stark gelichteten Reihen fanden wir uns im Jahr *danach*, dem Jahr nach dem *AcI* und der *Consecutio temporum,* wieder, Übriggebliebene, mit einem blauen Auge noch einmal Davongekommene. Dabei war der Lehrer so stolz gewesen auf das Geheimrezept einer von ihm exklusiv entwickelten Methode, mit der wir die nur scheinbar aussichtslose Situation vollkommen problemlos meistern würden. Weil aber in jenem entscheidenden Jahr die provisorisch eingesetzten Hilfskräfte den endlich von überlasteten Spruchkammern entnazifizierten Studienräten das Feld überlassen mußten, folglich ein Lateinlehrerwechsel stattfand, präsentierte uns der Neue, der eigentlich, wenn auch vor unserer Zeit, der Alte war, seinerseits ein Schema, das, wie er versicherte, das gefürchtete Grammatik-Phänomen zu einem auch noch für die Mindestbegabten unter uns geradezu lächerlich einfachen Kinderspiel machen werde. Die krasse Unterschiedlichkeit der beiden Methoden führte allerdings zu einer so hochgradigen Verwirrung, daß nur das obere Drittel der Klasse die didaktische Prozedur überlebte.

ENGLISCH

Die beiden Gegenstände einer frühen Leidenschaft hießen Karl May und Englisch. Sie hatten wenig miteinander zu tun, teilten aber die Eigenschaft des Verkanntseins. Kinder sind mehr als normale Erwachsene von Eifersucht geplagt. Sie wollen, was sie lieben, für sich allein haben. Der Karl May, den alle sogenannten Klassenkameraden verschlangen, war nicht der meine. Mir gehörte der Verfasser von *Ardistan und Dschinnistan,* von *Am Jenseits.* Nicht die Amerikaner, auch wenn sie derzeit das Sagen hatten, sprachen *mein* Englisch. Noch weniger der Lehrer, der offenbar nie in England gewesen war und von Shakespeare und Keats nichts zu wissen schien. Ich aber hatte bereits Verse von Wordsworth, Longfellow und William Butler Yeats übersetzt. Trotzdem klangen sie auf Englisch noch immer schöner als auf Deutsch; Englisch, als leicht erlernbares Idiom von Kaufleuten verleumdet, war in Wahrheit die Muttersprache der Poesie. *Deep in the shady sadness of a vale / Far sunken from the healthy breath of morn, / Far from the fiery noon, and eve's one star, / Sat gray-hair'd Saturn, quiet as a stone, / Still as the silence round about his lair; / Forest on forest hung about his head / Like cloud on cloud …* Sechs Jahre Englisch haben meine Liebe mit Füßen getreten, bis der letzte Funke ausgetilgt, ich von meiner gefährlichen Neigung geheilt war.

STUNDENBUCH DER JUGEND

Zum Mittagessen L. G., ein Verwandter meiner Mutter. Er zitierte wiederholt den lateinischen Spruch *pecunia non olet*. Das trifft ebenso auf den Besitzer des Geldes zu: Er ist geruchlos. Folglich existiert er nicht für mich.

Im Stadttheater, wo Harald Kreutzberg gastierte. Wie immer, fand das eigentliche Theater in der Pause statt: Ich traf Bärbel, Heidi, Hans, Ricardo, Margrit, Edgar, Burckhard, Lotti, Ute, Peter, Susi – alle, mit denen mich in dieser Stadt, der ich den Rücken kehrte, noch ein Rest von Gefühl verbindet.

Auch meine Zukunft wird Erinnerung sein. Erinnerung kommt auf mich zu.

Abendlicher Gang durch den Dörnbergpark. Die Trauerweiden wirkten trotz allen Schmerzes gefaßt.

Briefwechsel Hugo von Hofmannsthal / Rudolf Borchardt. Beide wandern im Hochgebirge. Aber die leichtere Luft und das hellere Licht vermag nur der eine zu spüren, während der andere keucht und schwitzt.

Zeit und Raum: eine Begleitmelodie, die mir nur hin und wieder zu Bewußtsein kommt.

Habe ich das, was die Erwachsenen Entwicklungsjahre nennen, hinter mich gebracht, die vorgeschriebenen Stationen bis zur Reifeprüfung absolviert? Mir scheint, ich bin immer wieder absichtlich zurückgeblieben, um unvermittelt aus der Reihe zu tanzen, auszubrechen in Augenblicke, die jenseits der Zeitenfolge liegen.

Daß der Mensch sich gern täuschen läßt, geht aus dem negativen Sinn des Wortes Enttäuschung hervor.

Lernen, um meiner Vergeßlichkeit Nahrung zu verschaffen.

Meine Herkunft – nicht mehr als ein Faden, in mich gewebt.

Sich beim Nichts dafür entschuldigen, daß man da ist.

Mich blendet das Meer von Zeit, die vor mir liegt.

Noch weiß ich nicht, ob das, was ich als mein Glück betrachte, meinen Untergang herbeiführen, das, was ich als hemmend und lästig beklage, mein produktives Fortbestehen ermöglichen wird.

Briefe geschrieben – halb aus Bedürfnis, halb aus Überfluß.

Die meisten Menschen denken und reden nur, um ein inneres

Vakuum auszufüllen. Der Gedanke, der den Namen verdient, das wahre Gespräch müssen aus dem reinen Überfluß kommen. Sie sind Überfließendes, Überflüssiges in einer Welt der Zwecke.

Ich stoße in meiner Umgebung auf ein Übermaß an Exaktheit, ja ganze Berufe leben davon, zum Beispiel der Schneider oder der Altphilologe. Woher kommt diese Tendenz zum Exakten? Sie liegt weder in der Natur noch in der Sprache.

Unbändige Lust, Ich-bin-der-ich-bin zu sein. Als hätte ich das große Los gezogen.

Verwandlung stillt die Seele.

Jacobsen: «Wenn auch das Glück nicht zu mir fand, glaubte ich doch nie, das Leben bestehe aus nichts als ewigem Entsagen und Pflichterfüllen; denn ich wußte, daß es Glückliche gibt.»

Zum Imitieren gehört viel Liebe: zu sich selbst, zum Imitierten, zum Publikum.

Die meisten, denke ich, rechnen mit einem Alter von siebzig Jahren; unter dieser Voraussetzung läßt sich planen und genießen. Ist es erreicht, gibt man gut und gern noch zehn Jahre dazu. Aber rätselhaft ist mir, wie ein Achtzigjähriger einfach so weiterleben kann, als wäre nichts passiert. Ich kenne einige; sie sind tätig, neugierig und munter.

Jacobsen: «Man kann recht jung sein und dennoch alte Träume haben.»

Gedanken haben verschiedene Lautstärke.

Wenn große Denker von ihrer Jugend erzählen, wirken sie albern und angeberisch wie Gymnasiasten.

Bedürfnis nach Hilflosigkeit. Ich bin unangenehm berührt von jeder Stütze, die sich mir bietet. Je mehr sie verschwinden, umso freier kann ich atmen.

Ein Mädchen, das sich auch noch in meinen Träumen rar macht.

Aus Bechern trinken, die nicht für dich eingeschenkt sind – auch so kommst du zu deiner eigenen Trunkenheit. Andere für dich hören, sehen, schmecken lassen.

Im wachsenden Maß ihrer Ausschließlichkeit wird Gesellschaft zu Freundschaft, Freundschaft zu Liebe.

Heimkehr: Die Wände meines Zimmers scheinen mir grau, die Bilder hängen schief, der Spiegel ist trüb geworden, die Briefe liegen da wie verwelktes Kraut, die Bücher haben die Flügel gefaltet und weisen mich ab.

Die Bilder, die Musikstücke, die Bücher, die den Siebzehnjährigen begeistert haben, zur täglichen Nahrung, zum Lebensinhalt wurden, sind mir verdächtig geworden.

Daß ich meine Freuden überlebe, ihren Anlaß vergesse, ihre Ursache mir gleichgültig geworden ist, kann ich leicht verwinden; aber daß der Tag kommt, an dem ich auch meine Schmerzen nicht mehr verstehen, nicht mehr fühlen kann, ist abgrundtief traurig. Ich verfluche die Zeit, die Wunden heilt.

Es ist noch nicht lang her, daß ich an das Unheimliche des Am-Leben-Seins nicht wirklich glauben konnte, obwohl ich mich danach sehnte, ihm zu begegnen. Jetzt spüre ich seinen Atem und bin befremdet.

Wenn ich die Schönheit der Flamme preise, denke ich nicht an den Stoff, dessen sie zum Brennen bedarf.

Ich bin froh, nicht die Zeit erleben zu müssen, in der das Papier vergilbt ist, das euch meinen Tod gemeldet hat.

Manchmal verbindet mich mit meinen Zeitgenossen nur ein einziges Gefühl: das Mitleid.

Altersunterschiede zwischen Lebenden schwinden dahin vor der unbegreiflichen Tatsache, daß sie, daß wir Zeitgenossen sind innerhalb von Jahrtausenden.

Mein altphilologisches Studium lehrt mich, es zu verachten. Meine Liebe zielt auf das unverstellte Wort: den Vers der Sappho, Platons Sokrates. Aber man nährt meinen Hunger mit Konjekturen, Kommentaren, Interpretationen. Cordoba sehe ich nie, lautet eine Gedichtzeile von Lorca.

Ein langes Leben kann kurz, ein kurzes unermeßlich lang sein; die Länge eines Lebens ergibt sich nach Abzug der leeren Stunden, Tage, Wochen.

Wiederkehr hat Augen, Wiederholung ist blind.

Auffällige Exaktheit, mit der einer sein Schicksal erfüllt. Jemand «rennt in sein Unglück»; nein, er läßt sich alle Zeit dazu.

Beständige Angst, ich könnte nicht der sein, für den ich mich halte.

Hebbel: «Die Linie des Schönen ist haarscharf und kann nur um 1000 Meilen überschritten werden.»

Ich muß nur meinen immerzu plappernden Verstand stillegen, dem, was ich als mein Ich betrachte, für Augenblicke den Mund zuhalten – schon werden alle möglichen Sprachen und Zeiten in mir laut.

Was heißt Nachahmung? Ich ahme nicht einen anderen nach; etwas, das in ihm ist, spiegelt sich in mir.

Den Schulmeister im Liebenden bekämpfen.

Unbegreifliche Anspruchslosigkeit: nicht an Unsterblichkeit glauben.

In der Jugend will der Mensch alt, im Alter jung sein.

Lernen ist schön, Wissen langweilig.

Gestern abend war ich von Ernst und Gretha Jünger zum Essen in die «Ewige Lampe» eingeladen; sie sind zum 21. Geburtstag ihres Sohnes Alexander nach München gekommen. Jüngers Person reizt mich wie ein Geheimtext, zu dem ich den Schlüssel noch nicht gefunden habe. Ich hoffe, während der bevorstehenden Wilflinger Wochen einiges zu entziffern, bin auf alles gefaßt, auch darauf, nur Enttäuschungen zu erleben.

Viertausend Jahre Hochkultur haben vielleicht das eine und andere Welträtsel gelöst, aber kein einziges Geheimnis meines und deines Daseins gelüftet. Wir können jederzeit ganz von vorne anfangen.

Gefühl des Knaben, der schrittweise in die Versammlung der Männer aufgenommen wird. Jeder Schritt ist mit einer Prüfung verbunden. Ich werde gerade von Baudelaire geprüft.

Sommerabend in der Stadt. Du lehnst dich aus dem Fenster. Ein Unbekannter ruft von der Straße zu dir herauf.

«Niemand stirbt vor der Erfüllung seiner Aufgabe; viele aber überleben sie.» Ein Wort Ernst Jüngers, das seine Wahrheit vielleicht an ihm selbst beweist. Mal sehen …

Die Wahrheit ist von zahlreichen Doppelgängerinnen umgeben.

Unter großen Anstrengungen eine Erzählung geschrieben. Mir

fehlt zu allem das rechte Verhältnis: zu den Freunden, zur Sprache, zur Religion. Ich bin ein Blinder, der ausschließlich damit beschäftigt ist, sein Zimmer mit Bildern vollzuhängen.

Du bist da. Es genügt nicht, es zu wissen, du mußt es an Leib und Seele jeden Tag erfahren: als ungeheuren, unfaßbaren Ausnahmezustand.

Oft bin ich meinem Tod an ein und demselben Tag bald unendlich nah, bald unendlich fern. Ich gehe auf ihn zu: Er kommt mir entgegen, entzieht sich.

Wilflingen, 20. März 1955: Seit gestern bin ich hier. Ich werde an das Bild des Meisters, der leider «Chef» genannt sein will, eine Lupe anlegen, seinen Äußerungen eine etwas größere Bedeutung beimessen, als sie verdienen, um besser sehen, verstehen zu können.

Beim Begrüßungstee überließ er das Gespräch weitgehend seiner Frau; sein Schweigen wirkt weniger bedrückend als bedrückt. Er beschränkt sich auf knappe Einwürfe. Beim Abendessen schien er gelöster. Über merkwürdige Todesarten. Aretino, der sich zu Tode lachte, weil er mit dem Stuhl nach hinten kippte. Ein Schädelbruch erstickte das Lachen. Über George Sand, über japanische Romane. Über das Buch eines italienischen Irrenarztes, der seine Erlebnisse mit den von ihm behandelten verrückten Frauen schildert (Claassen Verlag). Sein eigenes Lachen ist nur schön, wenn er sich nicht gehen läßt und nicht albern herausmeckert. Der Hals ist dann angespannt, das Kinn eingezogen, der Kopf zurückgenommen, die gedehnten

Lippen und stark glänzenden Augen geben einer hintergründigen, durch Melancholie erhöhten Heiterkeit Ausdruck. Mitunter legt er sich auf die an der Wand stehende Couch und spricht, das halbvolle Weinglas vor Augen. Schöner Vergleich mit den Blättern, die ein heftiger Wind zu Boden schüttelt und die allmählich zu Humus werden, bis man sie nicht mehr unterscheiden kann. So sei es mit gelegentlichen Zwisten in einer Freundschaft.

Wilflingen, 21. März 55: Gleich nach dem Mittagessen Spaziergang. Er läuft schnell, die Augen starr vorwärts gerichtet, wobei er aber nicht einen einzelnen Punkt, sondern die ganze Landschaft zu fixieren scheint. Fährten im Schnee geben Anlaß zu der Bemerkung, der Schnee bedecke nichts, sondern mache im Gegenteil sichtbar, was sonst verborgen bliebe. Wir gingen noch auf den Friedhof, wo sein im Krieg gefallener Sohn bestattet ist. Er hat ihn aus Italien hierher überführen lassen. Ich begreife nicht, was damit gewonnen ist. Für mich ist so etwas primitives Heidentum. Abends über *1001 Nacht*, Kinderbücher, Kindheitserinnerungen. Vor dem Einschlafen in dem an mein «Arbeits»-Zimmer, das zugleich unser Eßzimmer ist, anschließenden Kämmerchen schaue ich in sein Büchlein *Sprache und Körperbau*. Ich habe lange Zeit nichts mehr von ihm gelesen, und es fiel mir jetzt doch auf, daß die Diktion gelegentlich auf recht tönernen Füßen geht. Andrerseits beeindruckt mich die Tendenz zum Positiven. Es ist, als ob er es auf sich genommen hätte, die dunklen Elemente der dargestellten Phänomene zu absorbieren, um sie gereinigt in ihrer unversehrten Schönheit zu zeigen.

Wilflingen, 22. März 55: Heute Nachmittag gingen wir zu einer Abfallgrube beim nahegelegenen Eichberg, suchten brennbare Materialien zusammen und entfachten ein großes Feuer. Er ist keine Vaterfigur – jedenfalls nicht für mich, eher ein älterer Bruder, der dazu neigt, den Jüngeren zu allem möglichen Unfug anzustiften. Gretha sah die Rauchwolke emporsteigen und empfing uns ungnädig. Ausgedehntes Abendessen mit Frau Dr. Blersch aus Riedlingen, die gewissermaßen seine Leibärztin ist (sie sagt «Chef'chen» zu ihm) und einem jungen Engländer namens Curson. Spiele gerne den Eckermann, notiere: «Ich verehre das Mythische im Christentum. Aber ich kann mich natürlich nicht als Christen bezeichnen, das wäre ja Unfug.» Über Huysmans, der im 19. und 20. Jahrhundert die meisten Konversionen bewirkt hat: «Von 1920 bis 1927 stand ich durch ihn dem Katholizismus sehr nahe.»

Wilflingen, 23. März: Er gab mir meine Aphorismen, um deren Beurteilung ich ihn gebeten hatte, mit der Bemerkung zurück, die Gefahr dieser literarischen Ausdrucksweise sei der ridiküle Beigeschmack, wenn der Nagel nicht mit völliger Sicherheit auf den Kopf getroffen werde. Abends wieder Frau Blersch. Interessantes Gespräch über das Meskalin. Aufgeräumte Stimmung. Je aufgeweckter er ist, um so spürbarer wird auch seine Melancholie. Ich denke an den Mann, der, die Taschen mit Gold gefüllt, durch eine Wüste wandert und seinen Durst nicht stillen kann.

Wilflingen, 24. März: Dreistündiger Gang durch die Landschaft, die ganz die des «Maler Nolten» ist. Ich fragte ihn, ob er an eine Fortdauer nach dem Tod glaube. Diese Frage stelle sich ihm gar nicht, da er die Zeit für einen bloßen Augentrug halte. Wir bestiegen die Ruine der Schatzburg.

Wilflingen, 25. März: Über die *consecutio temporum*. Der Gebrauch des Futurs und des Plusquamperfekts sei möglichst einzuschränken. Er verwende diese Zeiten in einem Text nur in größeren Abständen, wie man an eine Glocke schlägt, die dann fortklingt. – Er macht mich auf die Schönheiten der Landschaft aufmerksam, als handle es sich um Dinge, die er gefunden und seinen Sammlungen einverleibt hat. – Von Goethe sagte er, er habe keinen Autor so gründlich studiert wie ihn. – Schließlich: «Jeder geht an sich selbst zugrunde.»

Wilflingen, 27. März: Beim Spaziergang gestern verweilen wir längere Zeit auf einem Jäger-Hochsitz. Er weist mich auf Bücher hin, von denen ich nur den Titel behalten habe. Der romantische Autor des Romans *Aurélie* habe sich in jungen Jahren erhängt. In den *Gärten des Schreckens* gehe es um alle möglichen Perversionen. – Im Auto von Frau Blersch auf den Bussen, die höchste Erhebung in dieser Gegend. Die Wälder wie lange dunkle Schiffskörper im Meer der Landschaft. In Riedlingen treffen wir den Oberstudiendirektor des Gymnasiums und seinen altphilologischen Stellvertreter; sie kommen in schwarzen Gehröcken und mit Zylindern unsicheren Schrittes aus einer Wirtschaft, nachdem sie vormittags einen Kollegen beerdigt haben. «Das sind Orte», kommentiert er, «die noch einen Nomos haben.» – Langes Gespräch über den Dandysmus, er gibt mir das Buch von Ernst Mann zu lesen. Die Formel, auf die das Phänomen zu bringen sei: Der Dandy habe mehr im Sinn, als Kunstwerk zu existieren als ein Kunstwerk zu schaffen. – Abends in Saulgau in der Kleberpost. Die Frau des Landrats: hübsche junge «Seefrau», frisch, hell, gescheit. Knappengelüste.

Wilflingen, 29. März: Sein 60. Geburtstag. Ich soll den «jungen Mann» spielen. Open house, das sich schnell füllt. (Aber es gibt auch «Hausverbot» für bei der Hausfrau in Ungnade Gefallene.) Die Schwester aus München mit ihrer Familie, Friedrich Georg mit Citta und Anhang aus Überlingen. Alexander, mit dem ich Freundschaft schließe. Martin Katte mit Frau, dem hochmusikalischen Sohn Hans Martin und der fröhlichen Tochter Maria. General Speidel, kameradschaftlich. Die Verleger Klostermann («Der wohnt in seiner eigenen Hölle») und Klett mit Leibarzt Herbert Fritsche, der sich lange mit mir unterhält. Onkel Clemens Podewils mit Tochter Bärbel. Stauffenbergs. Die Hausfrau und Resle in unaufhörlicher Mobilität. Ich öffne eine Flasche Sekt so ungeschickt, daß sich ein Teil des Inhalts über den Anzug des «Chefs» ergießt. Er tupft sich mit einem Handtuch ab, sieht darüber hinweg. Riesiger Postberg. Zwei Festschriften. Keine Reden, Gottseidank.

Wilflingen, 30. März 55: Friedrich Georg: «So verrauscht jedes Fest.» Aber viele Gäste haben in der Gegend übernachtet und kehren zum Frühstück zurück. Abends in Saulgau beim Landrat und seiner Frau, die mir hold ist.

Wilflingen, 2. April 55: Ich sortiere Briefe und Geschenke, fertige eine Liste an (341 Namen). Jeder bekommt eine «Herzmuschel», das Doppelblatt eines Sonderdrucks. Er hakt die Empfänger in der Reihenfolge meiner Liste ab. Ich stehe hinter seinem Schreibtischstuhl, einmal fügt er seiner Unterschrift ein «Brief folgt» hinzu. Indem er sich zu mir umdreht: «Der folgt natürlich nicht.» Aber es gibt Sonderfälle, die nicht so einfach abgefertigt werden können. Sie werden mit einem Rotstift angekreuzt. Joseph Breitbach z.B., der die französische Gesamtausgabe von Prousts *Recherche* geschickt hat, Rudolf Schlichter (Bild: *Chthonisches und technisches Gespenst begegnen einander)*, Matthias Wieman (Taschensonnenuhr), Friedrich Sieburg, Carl Schmitt.

Wilflingen, 4. April 55: Bin im Schloß zum «schwarzen Kaffee» eingeladen. Die siebzehnjährige Tochter, Fee genannt, spielt mir ihre Lieblingsplatten vor, zeigt mir die Bibliothek, dann gehen wir eine Stunde ins Freie. Die Atmosphäre des riesigen alten Schlosses stimmt mich melancholisch.

Wilflingen, 6. April 55: Im Traum befinde ich mich in einer bunten Gesellschaft. Ich habe wieder große Mühe, meine Lider einen Spalt offenzuhalten. Im Auftrag des «Chefs» führe ich ein Attentat auf den alten Hindenburg aus, indem ich ihn heimlich einen steilen schneebedeckten Abhang hinunterstoße.

Wilflingen, 8. April 55: Zu viele unreife Früchte pflückte ich mir vom Baum der Zeit.

Wilflingen, 9. April 55: Mein zwanzigster Geburtstag. Beim Aufwachen dachte ich an das vergangene Jahrzehnt. So schwer wiegt wohl zeit meines Lebens keine Dekade mehr. Er schenkte mir die Vorzugsausgabe eines «Fragments» von Ludwig Klages

(Vom Traumbewußtsein), das ich bestimmt nicht lesen werde, einen bibliophilen Druck seiner Pflanzenbilder, die in der Schweiz anläßlich seines sechzigsten Geburtstags erschien, mit der tiefsinnigen Widmung «3 x 20 = 60» und ein kleines Wachstuchheft «Zum Notieren von Gedanken und Maximen». (Also muß er die Aphorismen, die ich ihm neulich gab, doch nicht für ganz mißglückt gehalten haben.)

Wilflingen, 11. April 55, Ostersonntag: Ich trug zusammen mit einem Mädchen ein krankes Mädchen, auf Baumstämmen balancierend, über ein tiefes Wasser. Dann geriet ich in einen Gefängnishof, wo mehrere meiner Freunde angestrengt arbeiteten. Ich versuchte zu helfen, richtete aber nur Verwirrung an. Wir flohen und kamen in den obersten Stock eines schloßartigen Hotels, wo uns Ricardo in einem Saal bei einem opulenten Frühstück erwartete. Ein Brand brach aus, und wir mußten überstürzt voneinander Abschied nehmen.

Nachmittags herrscht triste Feiertagsatmosphäre. Schleppender Spaziergang mit dem Ehepaar, langer Aufenthalt auf dem Friedhof. Ich lese die *Marmorklippen* zu Ende, die mir bei der ersten Lektüre vor drei Jahren viel besser gefielen. Die Sprache ist erlesen und wirkt eben deshalb künstlich. Da ist es erfrischend, im Bett mit dem Buch über *Verbrechertum und Prostitution in Madrid* zu beginnen, das er mir zur Lektüre überlassen hat. – Beim Abendessen erzählt er von den merkwürdigen Umständen auf dem Schiff, mit dem er 1936 nach Brasilien fuhr.

Wilflingen, 12. April 55: Aufenthalt in einer Steingrube, wo zahlreiche Versteinerungen in Korallenform sichtbar sind. Wir bemühen uns, einen Reisighaufen in Brand zu setzen, was aber nur unbefriedigend gelingt. Je kleiner die Flamme, desto größer der Qualm. – Es beunruhigt ihn, daß sein Interesse für die Käfer abnimmt. Das sei ein Zeichen dafür, daß zentralere Dinge seine Aufmerksamkeit beanspruchten. Aber das wolle er gar nicht.

Wilflingen, 13. April 55: Heiterer Abend mit Margret Blersch. Sie rieb uns allen eine Salbe hinter die Ohren, die aus den Hoden junger Stiere bereitet ist.

Man kann die Zeit negativ: als zu füllende beziehungsweise nicht zu füllende Leere, oder positiv als «Acker» erfahren. Im ersten Fall ersehnt man ihr Vergehen, im zweiten ihr Verweilen. Hier scheiden sich wie nirgends sonst die Geister.

Es geht darum, die eigenen Mängel in Vorzüge umzudeuten.

Wilflingen, 15. April 55: Über die Atombombe: «Entweder gibt es ein ewiges Leben, dann ist die Atombombe belanglos; oder es gibt kein ewiges Leben, dann ist sie noch belangloser.»

Wilflingen, 18. April 55: Mit den Fahrrädern ins zwei Kilometer entfernte Dorf Langenenslingen, wo wir in ein Café einkehren. Unterwegs sehen wir Schwärme von Bergfinken von Baum zu Baum fliegen, am Wegrand blüht die Küchenschelle (Pulsatilla). Er erzählt von Antibes. Über den kommenden Äon: Nach dem Zeitalter des Vaters (Altes Testament) und dem des Sohnes beginne nun das Zeitalter des Heiligen Geistes (Stier – Fisch –

Wassermann). Gleichzeitig rückt der Skorpion ins Hauptfeld und stellt damit die kommende Zeit unter das Zeichen der Schlange. Deshalb muß man sich mit der Schlange befreunden. Einmal sagt er unvermittelt: «Mit sechzig darf man nicht mehr scheitern, nur noch untergehen.»

Regensburg, 2. Mai 55: Zurück im Essigkrug. Das Jahrhundert zehrt an seiner zweiten Hälfte; es ist wohl leichter, mit einem Jahrhundert im Gleichschritt aufzuwachsen.

Keine Nähe ist ohne Entfernung denkbar.

Es gibt keinen Grund zur Freudigkeit außer der Tatsache, daß man da ist, ein Leibwesen, das atmet und seinem Bewegungsdrang nachgibt.

Das Schöne, mit dem ich mich umgebe, ist das Kleid, in dem ich bei Wintereinbruch elend frieren werde.

Tübingen, Mai 55: Ich bin jetzt da, wo der bleiche Scardanelli seine ungezählten Bücklinge machte.

Entdecken ist leichter als Wiederfinden.

Strahlender Sonntag. Viereinhalb Stunden oberhalb des Neckars unterwegs. Abends die neunte Symphonie. Als ich heimkam, schien der volle Mond zum Fenster herein, ich las Klopstock und Hölderlin der Nacht vor.

Namenlos ruht das Vergessene auf dem Grund des Brunnens, aus dem ich schöpfe.

Schelling spricht von der «wissenschaftlichen Dornenkrone».

Traum: Mir kam plötzlich ein Hindernis in den Sinn, das die Fortsetzung meines Studiums an der hiesigen Universität unmöglich machte. Ohne einen Augenblick zu zögern, reiste ich nach Regensburg zurück, um von dort wieder nach Wilflingen zu gehen. Als ich schon die Koffer gepackt hatte, fiel mir ein, daß Jünger ja eben nach Sardinien abgefahren sei. Ich setzte mich also wieder in den Zug nach Tübingen. Während der Fahrt zermarterte ich mein Hirn, was der Grund für den Abbruch meines Studiums gewesen sein könnte. Ich kam nicht darauf. Alles war wieder beim Alten, wäre es gewesen, wenn sich nicht das Wissen dieses Nichtwissens dauerhaft an meine Fersen geheftet hätte.

Die Vorlesung von Jens über Hofmannsthal macht mich wütend; dabei ist sie nahezu brillant. Was ärgert mich so furchtbar? Ist es die Tatsache, daß ein Älterer, Überlegener, Etablierter meinen Dichter dazu benutzt, geistreiche Sätze von sich zu geben? Den Ahnenden kann man nicht ahnen, den Erfahrenden nicht erfahren, den Deutenden nicht deuten, nur mit ihm kann man das alles. «Wenn man die Wahrheit mit Worten festzuhalten sucht, ist sie schon tödlich verändert» (H.).

«Kultur»-Film über ein norwegisches Elektrizitätswerk: «Millionen von Pferdekräften flossen ungenutzt in das Meer. Nun ist der Tag nicht mehr fern, an dem sich auch die letzte Turbine dreht.» Jetzt weiß ich, was in der Mitte meines Jahrhunderts unter Kultur zu verstehen ist.

Auf Schritt und Tritt begleiten mich Hofmannsthals Aufzeichnungen *Ad me ipsum* in dem ausschließlich dem Dichter gewidmeten Doppelheft der «Neuen Rundschau». Zuerst habe ich die Überschrift falsch verstanden: (das eigene Ich als Adressat) und habe in vermeintlicher Nachahmung mehrere Briefe an mich selbst geschrieben. Das «Ad» ist aber natürlich im Sinn von Adnoten gemeint. Der glorreiche, aber gefährliche Zustand der «Präexistenz» ist mir nur zu vertraut, doch habe ich erst durch Hofmannsthal eine Sprache dafür. In Wilflingen heftete ich sein Bild an die Wand; Jünger kommentierte: «Schön, aber eben doch sehr von Gestern.»

Thomas Manns Schiller-Rede in Stuttgart, im Radio live übertragen. Warum bin ich nicht dort? Ein nie wieder gutzumachendes Versäumnis. Er beginnt mit Schillers Bestattung, spricht in gesetzten Worten von der Grabstätte, ihrem «Durcheinander der Auflösung», ihrem «Wust der Vernichtung» – als sei er, der demnächst Achtzigjährige, von der eigenen nahen Auflösung nicht bedroht. Über welches Mittel, welche Waffe verfügt er gegen den Tod?

Erfahrung und Ahnung. Unerfahrenes ist mir am lebendigsten in Erinnerung.

Abendgang am Neckar. Ich komme an einen Staudamm, ganz

unerwartet stürzt das Wasser über eine hohe graue Mauer, und ich denke an die ahnungslosen Liebespaare, die ich täglich von meinem Fenster in der Neckarhalde zwischen Weiden und Kastanien den Fluß hinunterfahren sehe. Er ist breit, die Strömung ist bis zur Unmerklichkeit sanft. Sie wissen nichts von der Katastrophe, die ihnen so bald schon bevorsteht. «Nur einer schweigt im betäubten / Wissen von ihrem Irrn».

Daß ein Sapphogedicht verlorengehen konnte – ist das nicht ebenso unfaßlich wie das Erdbeben von Lissabon oder Messina?

Heute nachmittag stand der achtzehnjährige Peter vor meiner Tür; Cyrus hatte mir schon von seiner stupenden Begabung erzählt, seinen Gedichten, die alle um ein halb russisches, halb indianisches Mädchen namens Katja kreisen. Er ist aus der Schule geflogen (hat sich fliegen lassen), lebt bei seinen Großeltern in Weingarten bei Ravensburg, hat außer seiner Zukunft als Dichter keine Berufspläne, korrespondiert mit fast allen jüngeren deutschen Autoren. Sein Gott heißt Walter Höllerer. In den «Akzenten» ist ein Gedicht von mir erschienen, das hat ihn auf meine Spur gebracht. Wir besuchen Walter Jens, unzählige Namen steigen wie Knallkörper an die niedrige Decke des unterirdischen Arbeitszimmers, um sofort zu verglühen. Ich erinnere Holthusen, Krolow, Celan, Bachmann, Kuno Raeber.

Angst um meinen Glauben an die göttliche Ordnung der Welt. Am beunruhigendsten die Gewißheit, daß ich mir vorstellen kann, auch ohne diesen Glauben ganz gut auszukommen.

Wilamowitz über Sappho: «Daß sie Dichterin ward, war ihr leukadischer Sprung.» Das ist ein großer Satz dieses beschränkten Geistes.

Verantwortung: ein häßliches Wort, so häßlich, wie sein Inhalt verlogen ist.

Unbehagliche Ahnung, daß ich eine Zeit erleben werde, in der mir mein heutiges Ich fremd, ja unverständlich geworden ist.

Tübingen, Juli: Gestern abend mit Peter wieder bei Jens. Hat wahnsinnig viel gelesen, doziert klassische Philologie, hat Frau und Kind, zwei Arbeitszimmer, eine riesige Bibliothek, Auto, Dienstmädchen, schreibt Romane; ein Hofmannsthal-Buch und ein Aufsatz über Thomas Mann sind im Entstehen. Das Zentrum dieses Mannes ist ein unersättliches Vakuum, das die halbverdaute Geisteskost schnellstmöglich von sich gibt, um sie einer «Gemeinde» vorzusetzen. Und diese hohle Existenz ist gebläht vom Hochgefühl unerschütterlicher, primär auf Verletzung bedachter Überlegenheit. Das Verletzungsbedürfnis, die Verletzungslust sind überhaupt das eigentliche Charakteristikum dieser Menschensorte: Sie ist von Natur aus, von Anfang an darauf angelegt und ausgerichtet, andere und anderes herunterzumachen. (Eitelkeit, die mir auch zutiefst zuwider ist, ist etwas ganz anderes: Sie verletzt nicht, sondern fällt auf den Eitlen selbst zurück, korrumpiert einen vorhandenen Wert.) Mich könnte das Phänomen kalt lassen, wenn es nicht dieselbe geistige Wirklichkeit wäre, in die ich mich mit einem solchen Usurpator teilen muß. Er beansprucht meine Lieblingsdichter, verekelt sie mir. So war's in der Kindheit, wenn Besuch kam und ich mit einem Gleichaltrigen spielen sollte. Er erwies sich schon in den ersten Minuten als der Stärkere, schubste mich vor sich her durch den Garten und bemächtigte sich meiner Spielsachen. Es war mir nicht möglich, sie nachher noch zu berühren.

Begegnungen, Gespräche, die ärmer machen, bis man als Bettler fortgeht.

Ich trage mein Christentum wie einen Sack Mehl, das mich nähren sollte, auf dem Rücken. Der Sack wird immer leichter, er hat offenbar ein Loch bekommen. Zu meiner Rettung lesen: Kierkegaards Tagebücher, alles von Theodor Haecker. Guardini reicht nicht mehr.

Jeden Donnerstag spricht der achtzigjährige Walter F. Otto in der «Dies»-Vorlesung über die griechische Tragödie. Er ist ganz einig mit Nietzsche und dessen Kritik am platonischen Sokrates. Erst dieser reißt die ungeheure Kluft zwischen Leib und Seele auf und schafft damit die Voraussetzungen für die Theologie des Christentums. Die Frage, wie der Mensch glücklich, glücklicher, am glücklichsten werden könne, macht die Tragödie unmöglich. Kein Weg führt zurück in das «tragische Zeitalter» der Griechen. Otto zitiert zustimmend Goethes «garstige Prätension nach Glückseligkeit».

«Eines schickt sich nicht für alle»: z. B. daß Goethe beim Nacktbaden in der Schweiz oder beim Schlittschuhfahren ertrunken wäre.

Sommerfest im Hause Bertsch (der Mann hat vor Jahren einen Roman bei Suhrkamp veröffentlicht, den er mir schenkte, ich weiß, daß ich ihn nicht lesen werde, weiß aber nicht, warum ich das weiß). Kleinstadtfiguren, ein Dr. Stockburger, der nebenher malt und sich verächtlich über die anderen Tübinger Künstler ausläßt. Aber auch Hella, knapp sechzehn, Waldorfschülerin aus Stuttgart. Die etwas aufgeworfenen Lippen, das leicht Verächtliche – auf Grund welchen Wissens?

Bei Walter F. Otto in der Mörikestraße. Er fragte, womit ich mich im Rahmen meines Studiums besonders zu beschäftigen gedächte. Als ich die griechische Knabenliebe nannte, glaubte ich in seinem Gesicht einen Augenblick des Irritiertseins zu bemerken. Er faßte sich aber sofort, sprach von den verlogenen Wissenschaften der Medizin und Psychologie, die unseren Blick auf die Antike verdorben und eine Erscheinung wie die griechische Knabenliebe auf einen banalen, grobschlächtigen Nenner gebracht hätten. Als Student habe er einer Verbindung angehört, in der alle jungen Leute auf die unschuldigste und natürlichste Weise ineinander verliebt gewesen seien.

Besuch von Armin Mohler, der mich zum Abendessen einlud. Er habe Jünger von der Veröffentlichung des neuen mediterranen Tagebuchs abgeraten, weil er so in kleinen Münzen verschwende, was als großes Ganzes den Gegenpol zum «Arbeiter» ergeben würde. (Die Verschwendung in kleinen Münzen: so haben die Erwachsenen mich vor der Onanie gewarnt.) Er hat Doderer in Wien besucht, der an einem riesigen Romangebäude arbeitet, zu dem selbst die 900 Seiten der *Strudlhofstiege* nur ein Vorspiel darstellen. Um sich jeden Morgen für die Arbeit zu präparieren, verfaßt er kleine boshafte Studien. Neben dem seriösen Roman schreibt er an einem grotesken (*Die Merowinger*), der sich wie Sancho Pansa zu Don Quijotte verhält. Empfiehlt mir Hans Henny Jahnn zu lesen, der einer der bedeutendsten zeitgenössischen Dichter sei.

Bei Dr. des Coudres, der eine große Jünger-Sammlung angelegt hat, treffe ich den namhaften Juristen Professor Zweigert. Glänzende Erscheinung, 48, eiskalt, sehr eitel, sehr präsent, sehr souverän. Fällt dem Gesprächspartner immerzu ins Wort und vollendet den halb gesprochenen Satz.

Tübingen, 27. Juli 55: Letzter Tag. Meinen Buchhändlerinnen bei Gastl bringe ich Blumen. Winfried Wild, der sich für Maria Müller-Gögler in Weingarten stark macht, führt mich in sein Gartenhäuschen. Einsames, trauriges Finale in einem kleinen Café. Vor der letzten Nacht in der Neckarhalde 19 noch einmal zur Alten Aula und zum Hölderlinturm. Wer, wo werde ich heute in fünfzig Jahren sein?

Familienferienleben in Harmating. Lese mit Viktoria die *Wahlverwandtschaften* und Huxleys *Zeit muß enden*. Münchentage. Stundenlang im kleinen Gartencafé hinter der Theatinerkirche. Erinnerung an die Schutthaufen 1945; die Straße besteht immer noch aus reizvollen Provisorien. Bei Georg Britting am Sankt-Anna-Platz: Er liest, als ich komme, gerade Hebbels *Nibelungen*. Über Doderer, Jünger und Tigerlilien, von denen ein besonders schönes Exemplar auf dem sonst kargen Schreibtisch steht. –

Mit Cyrus, der mir ein Prosastück *Bericht eines Fliegers* vorliest. Kurzer Besuch bei Joachim Moras in der Redaktion des «Merkur». Der uralte André Germain, der von meinem Gastspiel in Wilflingen gehört hat, lädt mich zum Tee ins «Carlton» ein und redet mehr über Prinzen als über Dichter. Sein Chauffeur fährt uns in den Nymphenburger Park.

Harmating, 13. August 55: Ich höre den Volkswagen, die Eltern kehren aus Wolfratshausen zurück, meine Mutter ruft mir durchs offene Fenster die Nachricht vom Tod meines Dichters zu, Schonungston in der Stimme. Vor Tagen erst habe ich im Augustheft der «Akzente» seinen Nachruf auf Ernst Penzoldt gelesen. Da ist die Rede vom «dunklen Weg, der sich nicht denken läßt», von der Natur, die den Einzelnen eine bestimmte Zeit «als Subjekt sich gegenüber hält», ehe sie ihn in ihren Schoß zurücknimmt, und daß achtzig Jahre «eine Krankheit zum Tode, wie eine andere» seien. Ein Nekrolog also, der schönste, den ich jemals las, ist die letzte Veröffentlichung des Zauberers. Seit anderthalb Jahren habe ich keinen Tag vergehen lassen, ohne diesen Tod in Gedanken vorwegzunehmen – bis ich kaum mehr daran glaubte, daß das Ereignis noch tatsächlich eintreten könnte. Vorwegnahme ist vergebliche Abwehr.

Haarsee, 21. August 55: In der Blockhütte mit Tante Dodi. Sie ist erfüllt von Heidegger, der wieder hier war, liest mir seine Übersetzung einer Pindar-Ode vor. – Bärbels Chamäleon war ausgerissen, und alle beteiligen sich an der Jagd im Blumengarten. Ich übernachte in der Hütte, schwimme bei sternklarem Himmel im See, wälze mich im Gras, umarme einen Baum.

«Die Situation im Wettrennen um den ersten Atommeiler in der Bundesrepublik wird jetzt klarer.» (Münchner Merkur)

In der ersten Volksschulklasse bekamen wir von Fräulein Pfeffel für eine gute Antwort oder eine schön geschriebene Buchstabenreihe jeweils einen briefmarkengroßen Einser. Ich bewahrte die kleinen Quadrate aus Pappe mit der farbigen Eins in meiner Griffelschachtel auf: ein Schatz, der sich beständig mehrte. Wenn man zehn Einser hatte, durfte man sie gegen einen Farbdruck tauschen. Das Bild, das meist eine kriegerische Szene darstellte und den Neid der anderen weckte, erschien mir ohne jeden Reiz. Ich trauerte meinen Einsern nach.

Harmating, 31. August 55: Brief von Peter: «Ich war bei Dir in einem herrlichen Schloß zu Gast. Unter einem riesigen Kachelofen lagen große Kieselsteine, nach deren Bedeutung ich Dich fragte. Du erklärtest mir, daß jeder Stein ein verarbeitetes Erlebnis – also ein Gedicht, Prosa, innerliche Mutation etc. – darstelle, und jeder Tag, an dem Du keinen der Steine herausgeholt hättest, komme Dir bis zu physischem Unwohlsein unerfüllt vor. Allerdings müßtest Du sterben, wenn kein Stein mehr unter dem Ofen sei. – Du warst gerade im Begriff, den letzten Stein hervorzuholen – und als ich Dich fragte, sagtest Du: ‹Es wäre bequemer, ihn drunten zu lassen, aber ich muß ihn hervorholen.› Und das tatest Du denn – und sofort starbst Du auch!! – Diesen Traum hatte ich nach einer durchredeten Nacht mittags gegen 12 Uhr.»

Hamlet: «Wozu sollen solche Gesellen wie ich zwischen Himmel und Erde herumkriechen?»

Immer wieder überraschend, wie leicht die Grenze zum Mythos überschritten wird. Meine Mutter nahm mich mit zu einem Besuch bei Ottonie Degenfeld in Hinterhör bei Neubeuern. Herzlicher Empfang, überströmendes Gespräch, es war, als sei Hofmannsthal gerade erst abgereist. Wir waren nicht angesagt; meine Mutter sagt sich nie an.

Wilflingen, Oktober 55: Zu meiner Begrüßung gab's Sekt zum Abendessen. Er schenkt mir sein von Mohler vergeblich abgemahntes, eben erschienenes Sardinienbuch mit der etwas ledernen Widmung: Für A.v.S. «anläßlich seiner zweiten Amtsperiode in Wilflingen». Ich finde es lustig, wie ich hier ohne weiteres in die Umrisse der Person hineingleite, die ich an diesem Ort, unter diesen Menschen angenommen habe.

Meine ganze Arbeit besteht darin, die seit April ein- und aufgelaufene Post in ihre alphabetische Ordnung zu bringen. Alles wird aufgehoben. Endstation ist ein Schrank im Gang des Oberstocks. Ich habe die ausdrückliche Erlaubnis, alle Briefe nach Belieben zu lesen. Es wäre der Mühe wert, die spezifische Zusammensetzung der enormen Menge von Briefschreibern, die dieser Autor mobilisiert, zu untersuchen. Aber das kann erst geschehen, nachdem der letzte Brief eingetroffen ist – in wieviel Jahren?

Die Wälder dieser Gegend, sie gehören alle in das Stauffenbergsche Imperium, sind so tief und ausgedehnt, wie ich sonst keine kenne. Man kann stundenlang gehen, ohne einem Menschen zu begegnen, und sich auch immer wieder verirren. So vorgestern, als wir unfreiwillig zwei große, zu seiner freudigen Überraschung herzförmig zusammenpassende Schleifen beschreiben, so heute auf dem Weg zur Schatzburg, wo wir ein großes Feuer machen. Auch das Gesprächsfeuer geht nie aus.

Im verräucherten Klostergasthof von Heiligkreuztal, wo wir anderthalb Stunden in den herumliegenden Illustrierten schmökern.

Besuch des Verlegers Klostermann, der seiner Neigung, jedes Vorkommnis auf das schlechtmöglichste Motiv zu reduzieren, freien Lauf läßt.

Am Eichberg zum Feuermachen. Wunderbar durchsichtige Luft, die große Vogelscharen durchziehen. Das alte Gestein in der Grube glüht von der untergehenden Sonne.

Da morgen der Besuch des Bundespräsidenten erwartet wird, holen wir Alexander am Bahnhof in Riedlingen ab. Wir sind Freunde, aber das eigentümliche Gleichgewicht zwischen dem «Chef» und mir wird natürlich durch das Hinzukommen eines Dritten, der ihm noch dazu so nahe steht wie kein andrer, gestört.

Im Auto des Bundespräsidenten mit der Nummer 1 und der großen Standarte der Bundesrepublik zur keltischen Heuneburg, wo Archäologen am Werk sind. Jünger mit Heuss hinten, ich neben dem Fahrer (Gretha und Alexander und ein Herr Bott folgen in einem zweiten Auto). Die Straßen mit Menschengruppen gesäumt, die winken, was der, dem es gilt, nicht zur Kenntnis nimmt, da er sich mit J. über Käfer unterhält. Also hebe ich in gemessenen Abständen die Hand und lächle huldvoll. Heuss kehrt zum Kaffee noch einmal nach Wilflingen zurück. Nach seiner Abfahrt entspanntes Zusammensein zu viert, Manöverkritik und lockeres Gespräch über Skat, Pokern, Schach, Nietzsche, Verlaine und Schopenhauers Ausfälle gegen das weibliche Geschlecht.

Rückfahrt über Ravensburg und Weingarten. Mit Peter in der Jankerschen Mansardenwohnung, wo ich auf einem Sofa übernachte. Gespräch bis zwei Uhr nachts. Peter will Dichtern wie Ricarda Huch, Weinheber, Friedrich Georg Jünger, Reinhold Schneider «die Maske vom Gesicht reißen». Am nächsten Tag besuchen wir Wolfgang Heim, einen jungen Bildhauer, der vier Jahre in der Nervenklinik war, seit Jahren wieder arbeitet: Köpfe und weibliche Aktstudien, fünfzig, auch mehr Zeichnungen pro Tag.

Was ist das größere Übel: die Fähigkeit, Erlebnissen eine literarische Form zu geben bei mangelndem Erlebnisstoff, oder ein Übermaß von Erlebnissen, die sich der Gestaltung entziehen?

Man sollte die Ursache für Unbegreifliches nicht nur in der eigenen Beschränktheit vermuten.

Pistolen-Duell zweier junger Männer. Schon in der ersten Sekunde stürzen beide, ins Herz getroffen, zu Boden. Sie zucken wie Fische im Trocknen, graben die Zähne in die Erde, winseln nach ihrer Mutter, brüllen vor Schmerz. Dann kriechen sie unendlich langsam aufeinander zu und geben sich sterbend die Hand.

Stifters *Nachkommenschaften.* Eine von Maß, Ordnung, Abgeklärtheit beherrschte Existenz gerät durch die Gewalt einer erotischen Leidenschaft aus den Fugen, wie über eine friedliche Landschaft ein furchtbares Unwetter hereinbricht und sie zerstört. Das «sanfte Gesetz» scheint nur die Voraussetzung für seinen Umsturz zu bieten. Ich habe schon mit vierzehn viel Stifter gelesen, bis achtzehn den ganzen einschließlich *Nachsommer* und *Witiko* und den drei Fassungen der *Mappe meines Urgroßvaters.* Leider zu früh. Ich war zu jung, um das Chaos wahrzunehmen, das an allen Ecken und Enden dieses Werks sprungbereit lauert.

Brief von Peter. Er plant Arbeiten über Maria Stuart, die er vor Schiller, über Nietzsche, den er vor der verlogenen «Sternenfreundschaft» mit Wagner, Hugo Wolf, den er vor «so elenden Zeitgenossen wie Brahms» retten will.

Hugo Wolfs letzte Worte waren: «Diese ekelhafte Musik!» Peter wirft sie mir auftrumpfend hin – im Sinn eines «Da hast du's!» Katastrophenmeldungen werden meist triumphierend vorgetragen.

Nach dem Abschied von Christine begann ich mit der Lektüre des *Grünen Heinrich,* einerseits, um mich zu trösten, andrerseits eine Unterlassungssünde gutzumachen. Ich bin allein in Harmating, der Oktober zeitigt Tage von Storms Gnaden, die mich in den Wald und an den Weiher locken, und ich gehe, wenn es dämmert, zu Bett, um zu lesen, zu lesen, zu lesen. Stehe nur auf, um Holz im Kachelofen nachzulegen. Ich falle von einer Überraschung, einer Seligkeit in die nächste. Vollkommenes Einverständnis. Drang, dem Entzücken, das ich beinahe Satz für Satz empfinde, Ausdruck zu geben, indem ich die betreffende Stelle laut wiederhole oder eine Bemerkung dazu mache wic Polonius bei der Rede des Schauspielers.

Der Träumer kennt keine Langeweile.

Ich erzählte Georg Britting vom Glück meiner Lektüre des *Grünen Heinrich*. Er goß Wasser in den Wein: Keller, dessen Körpergröße weit unter dem Durchschnitt lag, habe nie das Glück der Liebe erfahren, sei ein Säufer und ziemlich übler Raufbold gewesen.

In den Kammerspielen Pirandellos Stück von den sechs Personen, die einen Autor suchen. Großartige Aufführung mit Kurt Meisel, Ursula Lingen, Robert Graf. Am eindringlichsten die Stelle, wo von der Qual des Mannes die Rede ist, der noch nicht alt genug ist, um auf Frauen zu verzichten, und nicht mehr jung genug, um hemmungslos auf Abenteuer zu gehen. Was mir alles bevorsteht!

Jemand erfährt aus dem Programmheft, daß der Autor des Stückes, das er gleich sehen wird, vor kurzem gestorben ist, und verläßt empört den Zuschauerraum.

Weihnachtsfeier des altphilologischen Seminars. Klingner und Pfeiffer sprechen so, daß wir uns einer Familie zugehörig fühlen. Keine Spur von Entrücktheit, von Professoren-Attitüde. Die Institution hat ihre Geschichte, in die wir aufgenommen sind. Zu der Deckungsgleichheit von Humanismus und Humanität trägt entscheidend bei, daß unsere beiden berühmten Lehrer nicht nur gute Kollegen, sondern wahre Freunde sind.

Jeder Tag stirbt seinen eigenen Tod.

Der Sinn des Schwertes ist die Scheide und der Kampf, der Sinn der Scheide ist allein das Schwert.

Die Ehe meiner Eltern ist fast ausschließlich auf die Zukunft ihrer Kinder abgestimmt, auf ihr künftiges Glück. Das ist so, fiel mir bisher aber nie auf, weil ich es für selbstverständlich hielt.

Tage zwischen den Jahren in Regensburg. Das Brot der Kleinstadt schmeckt bitter.

Auf den Unsterblichkeitsglauben zu verzichten, ist ein Luxus, den sich nur wenige leisten können. Noch bin ich nicht soweit.

Verstümmelt zwar, doch nicht stumm.

Im wahren Wortsinn hochgespannte Erwartungen, die sich ins Leere verströmen.

Mit Studentenkarte im Residenztheater, Reihe 1: Gogols *Heiratskomödie* mit Ernst Ginsberg. Physischer Genuß ersten Ranges. Diesen Abend, schwöre ich mir, werde ich nie vergessen.

Auf Zehenspitzen mit sich selbst umgehen, vorsichtig, behutsam, liebevoll wie mit einem lebensgefährlich Erkrankten.

Die Erinnerungen des Wilamowitz, unseres trotz Nietzsche noch immer amtierenden altphilologischen Papstes: unsägliche Öde und Gestelztheit des ausgehenden 19. Jahrhunderts. Der tödliche Irrtum des Historismus: daß es sinnvoll sei, eine Vergangenheit um ihrer selbst willen zu erforschen, das Ich an diese Beschäftigung zu veräußern. Wissenschaft als Götzendienst, als planmäßiger Selbstmord.

Sich verantwortlich fühlen ist zunächst immer Flucht vor dem eigenen Ich.

Peter schreibt: «Oder glaubst du noch, Liebe hätte das Geringste mit dem geliebten Objekt zu tun? Da irrst du dich leider gewaltig.»

Dem Tagebuch von Cesare Pavese, der 1950 mit 42 Jahren Selbstmord beging, verdanke ich, daß mir die Möglichkeit dieses Schrittes wieder nahegerückt ist.

Cyrus nimmt mich zu seinen Wirtsleuten mit. Die Frau betreibt einen Milchladen, der Mann ist Kassierer in einem katholischen Vereinshaus. Der Gottfried Benn verfallene persische Prinz sitzt auf einem abgewetzten Kanapee, über dem ein Tuch mit dem gestickten Spruch hängt: «Streut Blumen der Liebe zur Lebenszeit und bewahret einander vor Herzeleid.» Das «und» ist aus Platzmangel abgekürzt: «u».

Unheimlich sind mir diese alten Männer, die ich täglich mit geröteten Gesichtern und atemlos von Hörsaal zu Hörsaal laufen sehe, als könnten sie das Rätsel ihres Daseins in letzter Minute doch noch lösen.

Mädchen sind leicht, aber Frauen ziehen dich in die Tiefe, weil die Vereinigung mit ihnen schwerer wiegt als das Element, das dich trägt.

Wer schreibt ist glücklich, vielleicht nur glücklich zwischen den vier Wänden der Verzweiflung, aber den wirklichen Schmerzen lassen sich keine Reime abringen.

Hofmannsthal: «Wie kann das nur geschehn, daß man so lebt / und alles ist, als ob's nicht wirklich wäre?»

Wenn man etwas verzweifelt sucht und Angst hat, es zu finden.

Ripeness is all? Was mich nährt, sind nicht die Reifen mit den gemeißelten Gesichtern und ausgewogenen Worten, sondern die Hilflosen, Fallsüchtigen, die mit einem Nein auf den Lippen in den selbstgewählten Tod gehen.

Manche Menschen existieren nur optisch und akustisch (wie die toten Filmschauspieler).

Bei Günter und Ilse Eich, die in der Pension Biederstein die Einrichtung ihrer neuen Wohnung in Lenggries abwarten. Ilse lag im Bett, um die Nachwirkungen der Muschelvergiftung, die sie sich in Portugal zugezogen hat, auszukurieren. Sie hatte eben Annette Kolbs *Daphne Herbst* gelesen und sprach begeistert davon. Beide erzählten von ihrem Lieblingsspiel, sich in Sätzen zu unterhalten, die das möglichst genaue Gegenteil des Gemeinten ausdrücken.

Hebbel: «… wie viel schöner ist der Schmerz, als die Wunde, und wie viel schöner die Träne, als der Schmerz.» Also ist das schöne Gedicht die Träne, Schmerzen und Wunden haben nichts darin zu suchen.

Wenn einer zu ihm sprach, achtete er wohl ein wenig auf den Tonfall, aber nicht auf den Inhalt. Wichtig sei ja nur, dachte er, daß der andre zum Reden kommt, ein Ohr gefunden hat, ich will ihn gewähren lassen, auf daß das feine künstliche Werk seiner Seele nicht Schaden nehme.

Heimweg: Langsam erblassender Himmel, die Fichten mit scharfem Stift in ihn eingeschnitten, ein Stück schwarzes Holz im Schnee: verkörpertes Schweigen. Schon kommt die Nacht gegangen, sternenhell ihr Gesicht, mondkühl ihre Brust, Tränen im Haar.

Wer vom Tod spricht, muß so tun, als sei er selbst unsterblich.

Ein vom Geschlecht her aufsteigendes Glücksgefühl, das den ganzen Körper durchströmt. Ich dehne mich, atme, sonst nichts.

Neid beim Hören oder Lesen des gelungenen Gedichts eines andern: Vor aller Bewunderung ist das immer die erste Regung.

Stan Kenton im Deutschen Museum: *«Concerto to end all concertos»*.

Ich glaube nicht an Griechenland: nicht an Pindars Knabensieger, nicht an die Agora und den Tod des Sokrates, nicht an die Symposien und Dionysien. Ich weiß (vielleicht), daß es das alles einmal gegeben hat, doch glaube ich nicht daran. Aber ich kann mir vorstellen, daß ich an die griechischen Götter glauben lerne.

Der Tod von Ernst Robert Curtius in Rom berührt mich kaum, weil ich keines seiner Bücher gelesen habe. Aber mittelbar verdanke ich ihm wahrscheinlich viel mehr, als mir bewußt ist. Abgesehen von seinen Übertragungen – Eliots *Waste Land*, Goyens *Haus aus Hauch* – stammen die meisten Anregungen (nein: Offenbarungen), die ich von Helmuth de Haas, Achim, Cyrus empfangen habe, aus der Schatzkammer jenes Mannes; es sind weitergereichte Schätze.

Ihr erster Brief (5. Mai 56). Sätze, die mir noch kein Mädchen schrieb: «Ich bin ja so glücklich.» – «Es ist alles so schnell gegangen, aber es ist herrlich.» – «Wenn Du nur immer hier wärst.» – «Verliebe Dich bloß nicht in eine andere!» – «Jetzt denke ich nur noch an Dich.» Sie heißt Beate, und ich nenne sie nach dem Roman von Keyserling Mareile. Ich werde die Literatur nicht los.

Christine: ihre kleine, runde, weiche Abschiedshand.

Ich gehe zu den Sakramenten, gehe zur Tränke ohne Durst.

Wissen verarmt.

Ich liebe jede Faser, jedes Haar an ihr, jede Nuance ihrer Sprechweise, die Tonleiter des Geruchs ihrer Haut, ich habe die Botschaften, die sie an meine Sinne sandte, Silbe für Silbe auswendig gelernt und sie in Laute, Worte, Sätze, finite und infinite Formen übersetzt, eine Sprache, die ihren Namen trägt.

Höllerer: «Wir sprechen nicht etwas aus, nur weil wir es erlebt haben, sondern wir werden erleben, was wir benannt haben.» Das ist mein Fall. Jetzt erlebe ich, was ich benannt habe.

Aus einer defekten Wirklichkeit blühen perfekte Träume.

Im Vollbesitz meiner Schwächen –

Giraudoux, *L'école des indifférents*: «Der Tod? Die Toten? Ich trage tausendfache Trauer, und keine geht mich etwas an.»

Die Liebenden: Wir haben es nicht darauf angelegt, mit den Leuten sprechen zu lernen, sondern die Leute über uns sprechen zu machen.

Die Faustschläge des Lebens mit ironischer Elastizität parieren. (Ironisch, weil die Niederlage in Gedanken schon vorweggenommen ist.)

Nach Benns Tod ist mir zumute, als ob ich nichts mehr zu verlieren hätte.

Wer mit Haut und Haar geliebt wird, ist mit den eigenen Mängeln versöhnt. Sie sind, wer hätte das gedacht, offenbar liebenswert! Ich will auf einmal nicht mehr anders sein.

Die Nachmittags-Zugfahrten zwischen München und Regensburg, um 2 Uhr hin, um 6 Uhr zurück, dauern doppelt so lang wie das Zusammensein mit ihr. Aber nie habe ich so intensive Reiselektüre-Erfahrungen gemacht: Flauberts Briefe an Louise Colet, das Buch von Curtius über Proust und Benjamins *Einbahnstraße.* Und dieses Unterdiehautgehen nimmt zu, seit das Blatt sich zu wenden scheint.

Ich kenne alle Rezepte, die mich heilen können. Die Gegengifte, die den Schmerz vertreiben, die Nerven einschläfern, die homöopathische Apotheke, die hygienischen Maßnahmen, die Diäten. Die Watte des Verzichts, das Strohlager wollüstiger Verlassenheit. Aber mit dem Unglück, das mich trifft, ist immer auch der unüberwindliche Widerwille gegen das Mittel verbunden, von dem ich weiß, daß es mir helfen könnte. «Ach, nur dem halbgetrockneten Auge wie öde, wie tot die Welt ihm erscheint!»

Sapphos herrliches Gebet an Aphrodite spricht gegen ihre Frömmigkeit. Sonst hätte sie nur gebetet und nicht gedichtet. Der einzige Ausweg aus ihrer Liebesqual war nicht die Hilfe der Göttin, sondern ihre Kunst.

Neben Abertausenden von herzlosen Bewunderern habe ich Thomas Mann von Anfang an geliebt wie keinen Autor sonst – vielleicht, weil ich die Ratlosigkeit spürte, aus der, gegen die der Wunderbau des Werkes errichtet war. Er war für mich das Gegenteil eines überlegenen Ironikers: der Zauberer, der mir hinter dem Rücken seiner Kunstfiguren komplizenhaft zuzwinkerte.

Gehöre ich einer Generation an? Vielleicht sind «wir» die erste Generation, die keine mehr ist. Für «uns» existiert kein Gestern, also auch kein Heute, nur ein Vorgestern.

Nur keine Überzeugungen! Nietzsche nennt sie gefährlichere Feinde der Wahrheit als die Lügen.

Einander aus nächster Nähe in die Augen schauen: Wer zuerst lacht, hat verloren.

Ein guter Stilist muß vor allem korrupt sein.

Humor ist immer Galgenhumor.

Geplant ist der Aufbau einer riesigen Zettelsammlung. Aus dem Bekannten das Unbekannte entwickeln.

Den eigenen Körper als Instrument gebrauchen.

Thomas Manns Werke gleichen sehr komfortabel ausgestatteten Schiffen, in denen man sich auf das unheimlichste Element einläßt: das Meer.

Der Wandervogelbewegung, den Jugendbünden, dem George-Kreis liegt die Idee zugrunde, der Mann müsse sich zuerst im Spiegel des eigenen Geschlechts erkennen, ehe er sich dem anderen Geschlecht zu erkennen gibt.

Immer wieder stoße ich auf den Gedanken, den ich so oft schon als Wahrheit erfahren habe; diesmal im Tagebuch Paveses: «Der grausamste Schmerz ist der, zu wissen, dass der Schmerz vorübergehen wird.»

Das Jahr, das endlich meine ungleichen Dichter vereint hat: Benn, Brecht, Carossa.

Mädchen, über den Zaun gelehnt, rufen zum Fenster hinauf: Komm runter! Einer, der nicht mitspielen wollte, folgt der Aufforderung. Ihre fröhliche Schar umringt ihn, nimmt ihn fort. Dann die Eine, die er erwählt, die ihn erwählt.

Cyrus beschwört mich: Im Gedicht jede Direktheit vermeiden! Man singt zwar *in* der Gefangenschaft, aber nicht *von* ihr, sondern von der Freiheit.

Wilflingen, Oktober: Dem jungen Blersch nimmt das Ehepaar es bitter übel, daß er gleich nach dem Abitur Europa verlassen und nach Brasilien auswandern will. «Wenn das Vaterland in Not ist, soll man es nicht im Stich lassen.» Hier gibt es keine Verständigung, ich schweige.

In der Korrespondenz, die ich in das «System» einordne, stoße ich auf wunderbare, mit «Stefan», hinter dem sich natürlich eine Frau verbirgt, unterzeichnete Briefe: Liebesbriefe, ohne daß von Liebe die Rede ist. Der Ton macht die Musik. «Über unsere Herzen ist längst verfügt.» Kein Tropfen Bitterkeit, keinerlei falsche Empfindlichkeit, nicht die leiseste Möglichkeit eines Mißverständnisses. Ein Kind namens Ricarda.

In Genf erzählt mir die alte Fürstin Gikha, deren Enkelkinder Viktoria hütet, von Hofmannsthal, bei dem sie mit ihren Eltern oft zum Tee war. Hofmannsthals Schwager Schlesinger wurde unter dem Einfluß eines Verwandten der Fürstin katholischer Priester. Hofmannsthals Sohn beging nicht, wie ich geglaubt hatte, wegen eines finanziellen Desasters Selbstmord. Er hatte in Paris mit einer Tänzerin zusammengelebt, von der er sich trennte, als der Vater sie als Schwiegertochter schroff ablehnte. Das Mädchen gab sich einem liederlichen Lebenswandel hin, um dem Geliebten die Trennung zu erleichtern. Das klingt nach Verdi, und die Geschichte nahm ja auch einen opernhaft tragischen Ausgang, der den Dichter mit in den Abgrund riß.

Im Rousseau-Museum der Genfer Universitätsbibliothek zeigte mir «Onkel Tino» Bouvier Autographen, die alle dieselbe Besonderheit aufweisen: Der letzte Buchstabe einer Zeile wird bis zum Blattrand verlängert, so daß keinerlei freier Raum bleibt. Das sei ein sicheres Indiz für Verfolgungswahn. Wie beneide ich Nicolas B. um *das* Buch, für das er sein Elternhaus in Richtung Afghanistan verlassen hat.

Ankunft in Zürich mit schwerem Koffer und ohne Unterkunft. Die Stadt kommt mir in jeder Hinsicht entgegen: mit Mädchen, Möwen, Mythen.

Seine Liebe zu dieser Stadt geht aufs Ganze, er will sich auf keine Einzelheiten einlassen, um das Ganze nicht zu verlieren. Da heftet sich ein Hündchen an seine Fersen –.

Ungarn-Aufstand zum Semesterbeginn. Unmöglich, im Seminar zu hocken und Pindar-Stellen zu exzerpieren. Beschäftigungen dieser Art erscheinen jetzt auch im Rückblick als leerer Zeitvertreib, mit dem man das Vakuum der vergangenen Jahre ausgefüllt hat.

Herrlich, ein Tier zu sein, wenn man es weiß.

Du möchtest auferstehn, ohne vorher gestorben zu sein?

Welt-Anmaßung (Borchardt), Welt-Anverwandlung (Hofmannsthal).

Das Land suchen, wo Leonce und Lena heimisch sind.

Ich weiß, daß ich einmal sehr gewöhnlich, sehr harmlos, sehr weit vom Tod entfernt leben werde.

Sechzehnjährig führte ich im elterlichen Wohnzimmer mit einigen Mitschülern Hofmannsthals *Tor und Tod* auf, spielte den Claudio. Mich lockten die Alabasterverse, die kostbaren Reime, die Darstellung eines Sterbenden. Jetzt bin ich einundzwanzig, blicke zurück auf die Vorwegnahme.

Ich weiß nicht, wer ich bin, aber noch viel weniger weiß ich, wie ich denen, die mich wahrnehmen, zu sein scheine. Gibt es da mir ganz unbekannte Personen?

Ich lebe mehr *in* meinen Freunden als *mit* ihnen.

Valéry: «Das Glück ist die grausamste Waffe in den Händen der Zeit.»

Ich will meine Jugend auf die Spitze treiben, bis der reine, der eine Ton aus ihr hervorgeht, dann die Flöte wegwerfen.

Bewußtsein ist immer Bewußtsein der Trennung.

Die unüberbrückbare Diskrepanz zwischen dem enormen Fleiß,

der grandiosen Leistung des achtzigjährigen Zauberers und seinem lautlosen Entschwinden ins Nichts.

Manche Menschen bringen es auch im Leiden nicht über ein Unbehagen hinaus.

Das Konventionelle und das Extravagante. Das Konventionelle als Maske.

Ein Schillersches Motiv ist die Liebe als Rettungsmittel gegen die übergroßen Vorzüge eines andern. Er hat es nicht erst in seiner Freundschaft mit Goethe entdeckt. Schon im *Don Carlos* steht: (als … ich endlich) «mich kühn entschloß, dich grenzenlos zu lieben, / weil mich der Mut verließ, dir gleich zu sein.»

Das Glück ihrer Gegenwart füllt das Maß meiner Sehnsucht nicht völlig aus. Aber wenn sie vorausgeht, um zu Hause das Teewasser aufzusetzen, und ich in einer Bäckerei für ein paar Minuten zurückbleibe, vergehe ich vor Ungeduld, sie wiederzuhaben.

Thomas Mann: Schreibend schwimmt er zeitlebens gegen den Strom seines Lebensgefühls, das dem Meer zutreibt.

Sinnlosigkeit der Gegnerschaft: Der Andere sitzt dir zwar gegenüber, aber wir fahren beide im selben Zug.

Im Gegner den unbewußten Agenten einer mythischen Konstellation erkennen.

Man ist, wenn man wirklich zuzweit ist, schon zudritt. Hofmannsthal: «Jede Beziehung zwischen zwei Menschen ist ein Individuum, ein Daimonion.»

Unangemeldeter Besuch bei Friedrich Sieburg in Stuttgart. «Vielleicht frißt er gerade Kaviar, dann können wir mithalten», meinte Dieter. Er macht uns selber auf, wir sollen im Schlafzimmer warten. Wir fühlen unser Vorurteil bestätigt: der abweisend aufgeworfene Gesichtsausdruck, das prunkvolle Bett, das Missale und das Kreuz auf dem Nachttisch, der Rosenkranz an der Wand. Nach wenigen Minuten sitzen wir mit ihm in der Bibliothek. Große Überraschung: Keine Attitüde, keine Spur von Allüre. Zuerst «Schönes Gespräch» über das beiderseits Bekannte: Hofmannsthal, George. Dann seine immer freimütigere Mitteilung persönlicher Bedrängnis: das herannahende Alter als die ihm bevorstehende schwierigste Aufgabe seines Lebens, nur durch Selbstzurücknahme zu bewältigen. Er wolle ein Haus außerhalb der Stadt bauen, dort wieder das Leben eines Studenten führen, seine Bildungslücken füllen. Über Benn, von dem er im Präsens spricht, als habe man ihm die Todesnachricht noch nicht beizubringen gewagt. Erst zum Schluß, das Gespräch aufhebend: «Und jetzt ist er tot, und wir leben, das heißt: *Sie* leben.»

Kilchberg, Friedhof: Ein fast quadratischer Stein, auf dem nur der Name des Dichters und die beiden Jahreszahlen stehen. Die Wirklichkeit deckt sich genau mit dem vor seinem Tod in der Phantasie oft und oft Vorweggenommenen. Die Figur eines mit gestreckten, weit über sich erhobenen Armen Stürzenden trennt den unteren Teil des Friedhofs vom ein wenig höher der Kirche zu gelegenen. Warum tröstet sie mich?

Zürich: Aus Kellern, aus Speicherfenstern tönt Jazz, die Jugendlichen hier beherrscht dasselbe kühle Lebensgefühl wie überall. Die nationalen Kennzeichen scheinen mit ihren noch lebenden Trägern auszusterben. Was nachkommt, gibt sich vorläufig noch halbstark, wird aber auf jeden Fall stärker sein.

An Entwicklungen teilnehmen, die ohne mich angefangen, ohne mich enden werden.

Bergengruen erzählte mir von seinem letzten Besuch in Rittsteig. Beim Abschied habe Carossa den Kopf an seine Schulter gelehnt und sei in Tränen ausgebrochen. Also auch du, mein Brutus?

Paris, 9. April 57. 22. Geburtstag. Die Stadt im Taumel des Besuchs der jungen Queen. – Jardin d'Acclimatation. Pfauen, Schneehühner, Kamele. Winzige Persönlichkeiten treten zwischen Höckern Weltreisen an, geführt von wetterharten Helden, Halbwüchsigen, die ihrerseits noch Kinder sind.

Besuch eines seiner Sache unheimlich sicheren Siebzehnjährigen. Er hat gefunden, ehe er auf die Suche gegangen ist. Es war das erste Mal, daß ein Jüngerer mich zur Rede stellte, was wohl bedeutet, daß ich das Recht der Jugend nicht mehr unbedingt auf meiner Seite habe.

Die Irrtümer sind die Rosinen im faden Brot der Wahrheit.

Das fassungslose Weinen des Mädchens, das sich zum ersten Mal hingab, deine Ratlosigkeit, die sinnlos hervorgestammelten Worte, mit denen du ihr deine Liebe beweisen willst, diese Liebe, die unbegreiflicherweise ihre Ermordung – den Liebesakt – überlebt hat.

Die verwandelte Hostie in der katholischen Messe ist unendlich teilbar, ohne daß deshalb die Gegenwart Gottes vermindert würde.

Er erweckt seine Reue immer schon vorher.

Seine namenlosen metaphysischen Erregungszustände münden regelmäßig in einen Geschlechtsakt und finden darin ihre vollkommene Auflösung.

Harmating, Mai 57: Mit dem Rad nach Starnberg zu Ina Seidel. Ausgiebiges Zusammensein. Nachdem ich mich schon verabschiedet habe, mache ich eine Bemerkung über eine jüngst geschriebene Erzählung. Sogleich werde ich aufgefordert, sie vorzulesen, und der Besuch verlängert sich um eine gute Stunde.

München, 7.5.57: Gestern abend im Kongreßsaal: Clara Haskil spielt Mozarts letztes Klavierkonzert. Wie sie hereinkommt: Kopf und Rücken tief gebeugt, erinnert sie mich an eine der alten unendlich demütigen Dienerinnen aus der *Odyssee.* Am Klavier scheint sie vollends sich in sich selbst zurückzuziehen, die

Zuhörer sind ausgeschlossen. Hinter der Dienerin kommt eine Göttin zum Vorschein, die bei ihrer heimlichsten Tätigkeit zu belauschen einem Sterblichen nicht ansteht. Aber statt mich auf Zehenspitzen davonzumachen, klatsche ich mir die Hände wund.

Die notwendigen Handlungen beiläufig erledigen, den Ansprüchen der Natur den Tribut nebenher entrichten.

Bärbel: «Dir fehlt jeder Boden unter den Füßen.» Sie bestätigt mein Gefühl, ich hätte ganze Jahre nur im Nebel gelebt.

Die Lektüre von Freuds *Unbehagen in der Kultur* wird mir zur Quelle tiefer Erregung, auch wenn man heutzutage für die respektvolle Erwähnung des Namens ihres Verfassers nur nachsichtiges Lächeln erntet. Das sei doch längst überwundenes neunzehntes Jahrhundert. Für mich künftig nicht mehr. Freuds Autorität gründet in seiner Zurückweisung des Autoritätsanspruchs: «So sinkt mir der Mut, vor meinen Mitmenschen als Prophet aufzustehen, und ich beuge mich ihrem Vorwurf, daß ich ihnen keinen Trost zu bringen weiß.»

Schließlich fand sich in seinem Repertoire von Gebetsformeln nur noch eine einzige: SEI!

Sag ihr nicht alles! Das Ungesagte zwischen zwei Menschen war noch immer ein mächtigeres Band als das Gesagte.

Viel tu ich, tut sich in diesen Tagen, aber es fehlt das Zentrum, von dem her das Vielfältige: Lektüre, Universitätsarbeit, Briefe, Tagebuch, Gespräche, Spaziergänge, Kinobesuche, erst seine Berechtigung bekäme.

Tendenz, zwischen Erwartung und Erinnerung das Ereignis selbst zu ignorieren.

Thomas Mann sucht in seinen Lesern Verbündete. Das unterscheidet ihn von den Dichtern, die den Leser ausschließen. Sie sind in der Mehrzahl – ich denke natürlich nur an Autoren der ersten Garnitur.

Autoren, die auf einer ganz schmalen Basis ein überreiches Werkgebäude errichten (Thomas Mann), und andere, die den ungeheuren Reichtum ihres Anfangs vergeuden, bis sie arm genug sind, ihr Wort zu sagen (Hofmannsthal).

In seiner Lyrik-Vorlesung hat uns Edgar Hederer aufgefordert, ihm anonym eigene Gedichte zu schicken; er werde sie dann mit uns zusammen besprechen. Die Resonanz war enorm; schon in der nächsten Stunde bittet er, von weiteren Einsendungen abzusehen. Er habe eine strenge Auswahl vornehmen müssen. Das erste Gedicht, das er vorliest, stammt von mir! Genußvolles Inkognito, das aber bald so weitgehend von mir Besitz ergreift, daß ich glaube, es mit einem Text von unbekannter Hand zu tun zu haben.

Verheißungsvolle Erinnerung.

Wenn die Jugend vorbei ist, sinkt das Geschlecht zur Funktion herab, wie der erwachsene Mensch selbst immer mehr zum Funktionär wird.

Was ist Trost anderes als Verdrängung?

Sich selbst ein Rätsel sein, sich ein Rätsel bleiben!

Situation des Dritten. Er sitzt im Auto hinten, bekommt nur Bruchstücke des Gesprächs mit, das die beiden vorne führen, immerhin so viel, daß er bemerkt, wie gut sie sich verstehen. Der Selbstmordgedanke gestern bei der Heimfahrt wie eine wirkliche Erleuchtung.

In fünf Jahren, sagt meine Mutter beschwörend, ist der Vater erst siebzig. Es soll ein Trost sein, in meinen Ohren klingt es wie ein Todesurteil. Er will nochmals sein goldenes Sportabzeichen machen. Das bevorstehende Alter kann er doch nur als Kräftenachlaß, folglich als Katastrophe empfinden. Ich staune, wie seiner Sache sicher, wie furchtlos, wie unangefochten er ist. Er ist ein Baum, noch nicht hiebreif.

Wundervolle (das Wort im Wortsinn zu nehmen!) Aufführung des *Sturm* durch eine Schulklasse der Münchner Luitpold-Oberrealschule. Die Bühne auf der linken Isarseite im Ufergehölz. Ringsum die tiefe Windstille einer heißen Sommernacht, aber auf der Zauberinsel herrscht Sturmgebraus, Ariel folgt im Flug dem Ruf seines Herrn, Caliban wälzt sich auf der Erde, Geister sind entfesselt. Die Halbwüchsigen können die Verse, die sie exakt gelernt haben, nicht wirklich verstehen, aber sie agieren in schlafwandlerisch sicherer Vorwegnahme ihres ungelebten Lebens. Und wie sie agieren! Ich bin froh, daß ich nur noch ein Jahr bis zum Staatsexamen habe und dann in die Schule zurückkehren kann. Nie wußte ich genauer, daß nirgends anderswo mein Ort ist.

Brief von Ernst Jünger, etwas weniger formelhaft als sonst: «Gern würde ich mit Ihnen wieder einmal einen melancholischen Herbstspaziergang machen. Ich sollte Sie auch in Harmating heimsuchen. Was Melancholie angeht, so hätte ich eigentlich mehr Grund dazu als Sie. Aber ich kenne das gerade als Jugendstimmung – mein erstes Gedicht hieß ‹Herbst›. In die Fremdenlegion ging ich, halb aus überschüssiger Kraft und halb aus Melancholie. [...] Ja, unser Leben vergeht schnell wie Gras, das geschnitten wird.»

In *einem* Jahrhundert wenigstens muß man außer dem eigenen zuhause sein; das ist das geistige Existenzminimum.

Auffällig, wie Platon gerade da, wo es am «idealsten» bei ihm zugeht, etwa im *Phaidros,* wenn von den Flügeln, die der Seele des Liebenden wachsen, die Rede ist, besonders körperlich wird. Die Schilderung des sprießenden Gefieders scheint ganz aus geschlechtlicher Wollust geboren. Dieses Keimen, Schwellen, Gären, Kitzeln, Jucken stammt aus sexueller Erfahrung.

Das schmerzliche Geheimnis der Zeugung besteht nicht darin,

daß man Geschöpfe zeugt, sondern darin, daß diese Geschöpfe ihrerseits Zeugungsorgane haben.

Ich habe keine Lust mehr, mich von fremder Begeisterung anstecken zu lassen.

Alverdes erzählt mir von Zinzendorf, über den er einst promoviert hat. Die herrenhutische bis zum Exzeß getriebene Mystik; so vertritt der Ehemann die Person Christi und wird als Vizechristus bezeichnet.

Marguerite Yourcenar bedient sich in ihrem Hadrian-Roman eines so makellosen Stils, daß mir die Zähne schmerzen. Auch andere physische Qualen bleiben nicht aus. Es gibt nichts Abstoßenderes als diese Art von Schönheit; die Lektüre eines solchen Buches ist nicht weniger peinlich, als mit einer schönen, aber frigiden Frau zu schlafen.

Der Wert der Reife, heißt es bei Eliot, hänge vom Wert dessen ab, was da reift. Auch wurmstichige Früchte reifen.

München, September 57: Wiederkehr des Lebensgefühls von 1952/53. Ist es so, daß dem ungeheuren Reichtum der Jugend etwa nach dem 18. Jahr eine Zeit der Verödung folgt, als müsse Parzival, bevor er zum Gralsritter wird, eine Weile den Don Quijote spielen?

Briefwechsel Novalis-Schlegel. Novalis glaubt an ein großes Ziel der natürlichen Entwicklung, ein «allmächtiges Streben nach freier, einträchtiger Verfassung». Es ist gleichgültig, wie weit sich solche Spekulationen von der Welt der «Tatsachen» entfernen, wenn sie nur aus einer großen und kühnen Seele stammen. Diese gehört ja ebenfalls zur Natur. Jeder ernsthafte Gedanke hat dasselbe Gewicht an Wahrheit wie jede Naturerscheinung.

Alles, was in der Romantik Seele ist, kommt aus einem gesteigerten Pubertätszustand. Die Briefe des Novalis sind «Ergüsse» (er sagt es selbst).

Ich fühle ein neues, männlicheres Zeitalter für mich anbrechen. Die zweifellos zu erwartenden Niederschläge werde ich schon zu ertragen wissen.

Goethes Leben ist wie ein postum der Öffentlichkeit übergebener Park. Man kann jederzeit von allen Seiten in ihn eintreten.

Ich nahm nach langer Abwesenheit an einer Lesung von Ludwig Curtius teil, zu der zahlreiche Zuhörer erschienen waren, viele bekannte Gesichter darunter. Jeder, den ich sprach, wußte, daß Curtius bereits vor Jahren gestorben war, es handelte sich um eine Art Gedächtnisfeier, die der Verstorbene selbst gestaltete. Ein mir befreundeter Begleiter erklärte mir, daß es inzwischen möglich sei, nicht nur die Stimmen von Toten zu hören und ihrer zweidimensionalen Kopie im Film zu begegnen. Zu Lebzeiten trage man winzige Aufnahmegeräte bei sich, die sämtliche Äußerungen: Worte, Gesten, situative Verhaltensweisen speicherten. Das Repertoire an Reaktionen sei ja begrenzt.

Die dem Fortschritt der Technik zu verdankende Vergegenwärtigung dreidimensionaler Körperlichkeit und eine computergesteuerte Kombinatorik, die beispielsweise aus tausend verschiedenen Lach-Gewohnheiten eines Menschen die jeweils genau seinem Charakter und dem Anlaß entsprechende Heiterkeits-Ausdrucksform produziere, ermöglichten schon seit einiger Zeit täuschend echte Auftritte von Verstorbenen. Die Reaktionen ihrer plastischen Ebenbilder würden durch Schallwellen ausgelöst, so daß man auch Gespräche mit ihnen führen könne. Während der Freund mich belehrte, entdeckte ich unter den Anwesenden immer mehr Abgeschiedene. Schließlich fiel mir ein, daß auch mein Mentor bereits gestorben war, ich hatte ja bei seiner Beerdigung eine Rede gehalten. Was er mir sagte, war die nur leicht modifizierte Wiederholung der Erklärung, die er, damals noch am Leben, in einer ähnlichen Versammlung einem andern seinerzeit noch Lebenden gegeben hatte.

Rom, 8.10.57: Selbstbeherrschung mündet in Leidenschaft, Haltung in Hingabe, Gelassenheit in Auflösung, Nüchternheit in Trunkenheit.

Die Rollschuhfahrer in Florenz. Auf keinem Gesicht die Spur eines Lachens zu entdecken, als verrichteten sie einen strengen Dienst. Natürlich tun sie es zu ihrem Vergnügen (in dem Wort steckt Genüge). Lachen ist nicht sein Ausdruck.

Lachen hat oft mit Verlegenheit zu tun; wir helfen uns damit über den Abgrund hinweg, der uns voneinander trennt. Wenn wir allein sind, verstummt das Lachen.

Keats, Novalis, Büchner, Loris: Sie waren so alt, wie ich jetzt bin, als sie die Gedanken dachten, die Sätze formten, die wir mit ihren Namen verbinden. Mir graut angesichts der Möglichkeit, es könnte eine Zeit kommen, in der ich sie um Jahrzehnte überlebt habe.

Immerzu rede ich vom Tod, aber ich werde sterben, als hätte ich nie an ihn gedacht.

23. Oktober 57: mein erster Flug, mein erstes Berlin. Lesung mit Bergengruen, Holthusen, Clemens Podewils zum Jahrestag des Ungarnaufstands aus dem bei Hanser erschienenen Büchlein *Im Frührot.* Die Witwe des Bürgermeisters Reuter empfängt uns mit Vorwürfen: «Wo waren Sie, als ...?» (Sie meint offenbar die Blockade, aber da war ich fünfzehn, also selbst blockiert.) Fühle mich nachher in dem Lokal Neumann in der Schillerstraße sehr unbehaglich. Der laute, egozentrische Holthusen, Bergengruen und seine Berliner Freunde: alte Herren, die sich an Anekdoten ergötzen. Älterwerden heißt Ärmerwerden. Ich erlebe fast nur Beispiele der Erschöpfung, der Verwüstung, der Notlösung. Zum Glück sind auch Frauen da: die Frau des Bildhauers Heiliger und Ilse Benn. Diese ein Blauer-Engel-Typ mit ziemlich weit voneinander entfernten Augen, deren Lider sich alle paar Augenblicke wie zur Beruhigung senken und eine Weile geschlossen bleiben.

Das Wort, mit dem ich Durststrecken am besten überstehen kann: «Lang ist die Zeit, es ereignet sich aber das Wahre» (Hölderlin).

Stefan Zweigs Schilderung des jungen Hofmannsthal. Die Aufregung, die sein Erscheinen in der Wiener Intelligenz hervorrief: als hätten sie alle an einem für seine Ankunft bestimmten Haus gebaut. Macht hoch die Tür, die Tor macht weit …

Die Flamme reiner neidloser Bewunderung nähren.

Meine zweiundzwanzig Jahre: Ich bin nahe daran, eine Religion aus ihnen zu machen.

Nicht immer sind die, die versteckte Brunnen entdecken, auch imstande, aus ihnen zu schöpfen.

Jemanden lieben heißt auch seine Unnahbarkeit lieben.

Ärmer um jeden Traum, der in Erfüllung ging.

Existiert der Unstern als eigener Himmelskörper? Oder ist er vielleicht nur ein abwesender Stern? Der Stern, der mir fehlt? Ich leide bitterlich unter der Formlosigkeit meines Lebens, die sich täglich in massiven Fehlleistungen äußert.

Er drückte die Hand, die die Nuß seiner Kindheit zerbrach.

Man erwacht, um Wächter zu sein, um eines andern Schlaf zu bewachen.

Persönlichkeiten sind mir uninteressant. Für jede gilt, daß sie ihr Dasein dem Zufall verdankt und ebensogut auch nicht existieren könnte.

Wer sich selbst erkannt hat, wozu lebt der noch?

Immerzu die Angst, ein Samenkorn zu sein, das auf Fels geweht ist.

Zusammensein, um miteinander zu sprechen, oder miteinander reden, um zusammenzusein.

Vortrag von Wolfgang Kayser, dem Verfasser des *Sprachlichen Kunstwerks* über *Die Wahrheit der Dichter.* Die todesferne, also falsche Quicklebendigkeit, die routinierte kupplerische Geschäftigkeit des mit seiner Brillanz herumspritzenden Erfolgs-Germanisten. Als Eunuchen müssen diese Typen keinerlei Folgen ihrer Wollust fürchten. Wo keine Zeugungskraft ist, kann auch keine Scham sein.

München, 1.2.58: Gestern im Prinz-Carl-Palais lasen Ilse Aichinger und Rainer Brambach (den ich in Basel besuchte). Nachher Unterhaltung mit Rouvier, von der Vring, Ilse. Ich bitte Ingeborg Bachmann, das Ehepaar Cacciatore im Keatshaus zu grüßen, was sie mir erfreut verspricht. Heute der jährliche Hanser-Abend. Höllerer erzählt mir von einem Besuch bei Thomas Mann kurz vor dessen Tod. Langes Gespräch mit Hugo Kuhn, der großen Ausnahme unter den Germanisten.

Thomas Mann-Platte mit dem Kuckucks-Gespräch aus dem

Krull. Ab einer bestimmten Höhe ist Kunst nicht nur Kunst, sondern zugleich Sympathiekundgebung an die Menschheit. Die Menschheit tritt an die Stelle der Gesellschaft. Rührende Reverenz des Abschiednehmenden an das Leben.

Florian leiht mir die Tagebücher von Ludwig Curtius, die dieser ihm vererbt hat. Auf Buschors Schreibtisch in Samos wehte die Naziflagge. Borchardt, der leidenschaftliche Gärtner, in dessen Garten keine Blume gedieh.

In Aschau bei Deta und den Jungingerkindern. Beim Abschied bitten sie mich flehentlich, dazubleiben. Es gibt keine größere Befriedigung für die Eigenliebe.

Gegenstände gemeinsamer Verehrung sind im Grunde die einzigen Gesprächsgegenstände.

Wie schön ist die Stille, wenn Leidenschaft ihr vorausging.

Spaziergänge mit Viktoria am Donau-Ufer. Lese ihr *Hermann und Dorothea* vor. Die nächste gemeinsame Lektüre wartet schon: *Pitt und Fox.*

Borchardts *Gespräch über Formen.* Seine Angriffe gegen die Klassische Philologie sind ganz mein Fall. Aber die Sprache, in der sie vorgetragen werden, ist mir zuwider. Kein Funken Leben, keine Spur von Desinvolture. Ein Gespräch zwischen zwei Partnern, die nicht der leiseste Hauch von Sympathie verbindet.

Im Stadttheater Wolf-Ferraris *Vier Grobiane.* Keine fünfzig Jahre alt und viel verstaubter als alle Rossinis und Donizettis zusammen.

Ich bestatte immerzu einen Genuß durch einen anderen.

Im Radio das Stuttgarter Kammerorchester unter Karl Münchinger. Immer wieder die ungeheure Überraschung, daß es neben allem auch so etwas wie Musik gibt. Corelli: Schönheit, die in die Seele schneidet; Vivaldi: die Jahreszeiten als Landschaften, die man im Fluge berührt.

Griechische Plastik zur Vorbereitung auf das Staatsexamen. Die Schwermut des Klassischen. Die archaische Kunst kennt keine Schwermut, sie weiß zu wenig von sich selbst. Linien, die von sterblicher Schönheit glühen. Neben dieser Kunst erscheint das Leben wie ihre Abstraktion.

Freuds Abhandlung über den Witz. Alle Lustsuche ist Suche nach einer einst genossenen, dann verlorengegangenen Lust. Freud ist in der Situation des antiken Boten, der nur schlimme Wahrheiten zu verkünden hat. Aber in einer wie menschenfreundlichen Sprache sagt er sie!

Platons *Hippias Maior* endet mit dem Satz: *Eti gar tina elpida echo ekphanesesthai, ti pot' esti to kalon* – Noch nämlich habe ich einen Rest von Hoffnung, daß sich herausstellen könnte, was das Schöne ist. Es geht Sokrates um diesen Rest von Hoffnung, nicht um Erkenntnis, nur um das dämonische Getriebensein auf ihrer Fährte. Die Irrealität des Ziels verbürgt die Realität der Suche.

Richard Strauss: *Tod und Verklärung*. Jugendstil, von einem kurzen Sommerregen befeuchtete Rosengärten, herabgelassene Rouleaus, perlende Schauer der Wonne. Keine Spur von Tragik, von Dramatik. Endlose Wiederholung einer bestimmten Lusterregung, der ewige Rhythmus von Begierde und Erfüllung.

Die Erfindung vernichtet den Erfinder.

Aus der Sicht meiner Regensburger Bodenkammer nehmen sich die letzten Münchner Monate wie ein Fin de siècle aus – jenseits der Schwelle eines jungen Jahrhunderts.

Rudolf absolviert ein Praktikum am Domgymnasium. Klagen des Domkapellmeisters Schrems über die «somatische Celeration» der Buben. Noch vor ein paar Jahren habe er eine dritte Klasse, also Dreizehnjährige, «unbesehen» im Knabenchor belassen können.

In Brahms ist zuviel Herbst, als daß ich ihn in diesen Frühlingstagen mit dem Herzen hören könnte.

Im Dunkeln vor dem Einschlafen überkommt mich eine tiefe Gewißheit in Gedanken an das noch imaginäre Mädchen, das ich einmal heiraten werde. Ich weiß, daß ich ohne die dauernde Vereinigung mit einer zu mir gehörenden Frau niemals ganz zu mir selber gelangen kann.

Zum ersten Mal die *Matthäuspassion* ganz gehört. Man lebt mit solchen Schöpfungen wie in einer Ehe zusammen, in der die Hochzeitsnacht noch keineswegs die Erfüllung bedeutet, freilich eine ungeheure Ahnung.

Bachs Musik ist ein Beweis für die Wahrheit des Christentums. Wenn ich griechische Kunst betrachte, werde ich wieder der Heide, der ich auch bin. Es gibt keine Synthese von Antike und Christentum, nur eine unaufhebbare Spannung, ein fortwährendes Hin und Her. Armselig kommt es mir vor, das eine gegen das andere auszuspielen. Walter F. Ottos Haltung ist mir fremd geworden.

Jede Kindheit ist *auch* eine Wunde, die glückliche vielleicht die noch schmerzlichere.

Ich soll heiraten. Florian hat zwei Cousinen, die aber in einer anderen Stadt wohnen. Auf einem Foto gefällt mir nur die eine. Ich fahre hin, die Eltern, Florian und eine Gräfin K. begleiten mich. Jetzt gefällt mir aber nur noch die andre. Die Mädchen wissen über den Zweck meines Hierseins Bescheid, tun aber so, als handle es sich um einen ganz gewöhnlichen Besuch. Ich halte mich abseits, Florian zischt mir zu, ich solle mich um die Mädchen kümmern. Mir fehlt jeder Gesprächsstoff. Ich merke, daß meine Brille zerbrochen ist, das Gestell droht herunterzufallen, ich muß es gegen die Nasenwurzel pressen. Es tut so weh, daß ich aufwache.

Das Generationenproblem, in dem sich für so viele Menschen

die ganze Problematik ihres Lebens erschöpft, existiert für mich nicht.

23. Geburtstag. Äußerster Grenzstein des Jugendreviers.

Frühe Dichtung Kokoschkas *Die träumenden Knaben:* «nicht die ereignisse der kindheit gehen durch mich und nicht die der mannbarkeit, aber die knabenhaftigkeit, ein zögerndes wollen, das unbegründete schämen vor dem wachsenden, und die jünglingsschaft, das überfließen und alleinsein.»

Lebenslampenfieber.

Lebhafte Unterhaltung mit Frau B. über Winckelmann, bis ich merke, daß sie ihn mit Schliemann verwechselt.

Zu langsam dirigierter Bruckner: wie wenn man nur eine Nasenlänge von einem riesigen Gebirgszug entfernt steht.

Es ist unmöglich, im klassischen Latein einen unklaren Gedanken auszudrücken. Aber unklare Gedanken können sehr schön sein.

Der Reiz des stillen und selbstgenügsamen, mit Examensvorbereitung, Mozart- und Schubert-Platten, Gängen am Donau-Ufer und Lektüre in den Curtius-Tagebüchern, die wohl außer Florian noch nie jemand gelesen hat, garnierten Regensburger Bodenkammer-Daseins ist verflogen. Mich dürstet nach Weite, alle meine Empfindungen sind zum Ausschwirren gerüstet.

Das Klassische ist kein folgerichtiges Glied in der Kette einer Entwicklung, sondern ein flüchtiges, ahnen- und kinderloses Zwischenspiel. Es fällt aus jedem Rahmen, kann nur mit sich selbst verglichen werden.

Der Schmerz des Erwachens (aus dem Nachmittagsschlaf): der Schmerz der Alkestis, die aus der Unterwelt zurückkehrt. Nichts ist, wie es war.

Richard Billinger liest in der «Seerose». Am Nebentisch Erich Kästner mit Freunden. Eine Kellnerin serviert Getränke. B. trägt seine Gedichte auswendig vor. Bei einem besonders langen Gedicht reißt der Faden plötzlich ab. Er schnippt mit den Fingern, faßt sich an die Stirn. Die Kellnerin versucht leise zu sein, was ihn erst recht irritiert. Die Lesung wird abgebrochen.

Morgenstunde im Hofgarten mit den *Flegeljahren*. Jean Paul ist in diesen Wochen mein einziger Freund.

Vor dem Konzert im Herkulessaal eine Stunde im Hofgarten. Die Kastanienbäume brennen lichterloh, die Brunnen rauschen frei nach Eichendorff, alle Dinge sind entzückt sich selber hingegeben, folgen dem Rhythmus ihrer Art. Das menschliche Bewußtsein inmitten als fremde, seltene Blüte, schläfrig betäubt von ihrem eigenen Duft.

Philologie darf, wenn sie sich ernst nimmt, nichts mit dem Geist der Dichtung, der sie sich widmet, zu schaffen haben.

Der Mensch ist nicht nur ein armer Hirnhund, schwer mit Gott behangen (Benn), sondern auch eine Blume, die weiß, daß sie blüht.

Ich könnte nicht sagen, daß ich meiner Überzeugung nach ein Vaterlandsverächter, Heldenhasser bin, ich bin's von Natur.

Versuche vergeblich, in einem langen Gang durch den Englischen Garten den Drachen meines Schmerzes zu besiegen. Sankt Georg fällt vom Pferd.

Nur ein ungebrochen naturhafter Mensch verfügt über die Möglichkeit, sich plötzlich in einer einzigen Entscheidung zusammenzufassen und über sich selbst hinauszugehen. Der «geistige» Mensch darf auf ein solches Wunder nicht hoffen. Erst die Summe seiner lebenslangen Anstrengungen rechtfertigt seine Existenz.

Pater B. fragt mich, ob ich schon «ein zünftiges Mädel» hätte. Die Melancholie des Tonfalls verrät, daß er selbst gern eines gehabt hätte.

Florian und ich malen uns die Jahrtausendwende aus, die wir möglicherweise noch erleben werden. Wir sind dann zu alt, um «danach» noch etwas Neues zu beginnen. Unsere Vergangenheit aber wird uns buchstäblich ent-wendet sein.

Was wird aus einem Boten, wenn er seine Botschaft bestellt hat?

Wollen Träume erzählt werden, oder genügt es, sie geträumt zu haben?

Jede Kreatur ist todgeweiht. Kein Wort könnte schöner ihre Würde ausdrücken.

Warum sollte ich meine Lebensfreude verleugnen? So fragt nicht einer, der sich dieser Lebensfreude ungebrochen hingibt.

Egoismus des Schlafenden, der seine Träume für sich behält.

Bernhard Paumgartner mit der Salzburger Camerata Academica. Rührende Erscheinung, die ganz aus dem Jahrhundert Mozarts zu kommen scheint. Souverän und unbedingt wie ein österreichisch-ungarischer Fürstprimas und trotzdem nur dazu geboren, einem unendlich Größeren zu dienen.

Keilberth dirigiert Egmont-Ouvertüre, das fünfte Klavierkonzert und die A-Dur-Symphonie. Bezwungenes Orchester, erzwungener Triumph. Ich stürze ins Künstlerzimmer, um mir ein Autogramm zu holen. Ein nach ungeheurer Kraftanstrengung erschöpfter Herakles wirft seinen Namen aufs Programm. Immer wieder stößt er hervor: «Wenn das in zehn Jahren auch noch so ist ...»

Besuch von Reinhard Brandt. Gespräch bis Mitternacht. Er liest, um sich zu bereichern. Persönlichkeit sei Endstation. Schreibt Dramen. Nachher stöbere ich noch eine halbe Stunde in meinen

Büchern. Nach langer Zeit wieder einmal Besitzerstolz und -glück.

Unaussprechliche Gewißheit, daß mir nichts Arges geschehen kann. Dies auf dem Hintergrund schwärzester Juli-Melancholie, vollkommener Arbeitsunfähigkeit, einem Zustand, für den die Frage Sein oder Nichtsein nicht mehr existiert.

Den *Phaidros* auf Griechisch gelesen. Der Dialog gehört zu meinem Existenzminimum. Mich stört nur die ungriechische Seelenwanderungslehre, mit der diese herrliche Phänomenologie der Liebe verknüpft ist.

Conrad Ferdinand Meyers Mutter pflegte zu sagen: «Mein Herz ist traurig, aber mein Geist ist heiter.»

Regensburg, August: Nach zehnstündiger Examensvorbereitung mit Klaus beim Kneitinger. Ich mußte 23 Jahre alt werden, um den Genuß des Biertrinkens zu entdecken.

München, 2. September. Beginn des Staatsexamens. Treffe mich mit Hubert am Obelisken. Gefühl von Rückkehr, von Wiedereinmünden in den Strom des Lebens. «Es ist überstanden, ich bin wieder bei euch.» Ich genieße die legitime Fürsorge und Schonung, mit denen man sich an solchen Tagen selbst behandeln darf. Mittagessen, Kaffee, Traubenzucker: Alles wird aufs bekömmlichste dosiert.

Im Radio Strauss, *Metamorphosen*, wie vor fünf Jahren am Ende des Sommers nach meinem Abitur. Viel Schimmer, Traum, Morgenluft ist verlorengegangen, aber ich spüre die Zäsur wie damals.

Unsere Fähigkeiten müssen nicht unter allen Umständen zur Anwendung kommen. Die Geschlechtsorgane verkümmern nicht, wenn man sie eine Zeitlang nicht gebraucht. Wir sterben, ohne alle Freuden, ohne alle Schmerzen, die unendlichen, die uns möglich gewesen wären, ganz ausgeschöpft zu haben.

Eine Katze kratzt an die Haustür, ich öffne, sie will mir etwas sagen, bringt es aber nicht heraus, ungeduldig stoße ich sie mit dem Fuß, um sie zum Reden zu zwingen, – da bemerke ich auf beiden Seiten klaffende Wunden, in denen es von Würmern wimmelt. Sie verendet, ohne ihr Geheimnis verraten zu haben.

Bewußtes und unbewußtes Leben: Das ist wie Sein und Nichtsein, beides gleich schrecklich, gleich unerträglich.

Lektüre im Kassner. Meine Furcht vor der Strenge solcher Geister, ihrer Unerbittlichkeit. Es ist vielleicht nicht nur Kleinmut, der diese Furcht hervorruft. Ein Mann wie Kassner will dem Leser helfen, legt ihm die Hand auf die Schulter. Aber man zuckt unter dieser Hand zusammen. Kassners Werk wird die Einsamkeit, in der es entstanden ist, nicht los; so bleibt es schwierig, unzugänglich, bedrückend.

Erst der gefallene Engel weiß, was der Himmel ist.

Das eigentlich Schlimme der Depression: daß die Vorstellung, sie überwunden zu haben, reizlos ist.

Die Träne «gilt» nur dann, wenn sie ins Bodenlose tropft, wo kein zweites Bewußtsein mehr vorhanden ist, das sie auffängt.

Mir fehlt die holde Gabe meiner Mitmenschen, mit ihrer Einbildungskraft vor den Särgen haltzumachen.

Beethovens G-Dur-Klavierkonzert im dunklen Zimmer. Mein zersprengtes Ich sammelt sich um den Mittelpunkt eines fremden Schmerzes.

Die Geschichte als der Mutterboden aller Schwermut. Deswegen sind optimistische Historiker noch verlogener als optimistische Normalmenschen.

Mein Vater bringt die Nachricht vom bestandenen Examen. Er fordert mich auf, meine Ausbildung als Referendar zurückzustellen und mich einstweilen ganz der Doktorarbeit zu widmen, um so schnell als möglich die Universitätslaufbahn einzuschlagen. Ich denke nicht daran, will ihn aber nicht enttäuschen. Wie sag ich's meinem Kinde?

Geschichtsbewußtsein und Unsterblichkeitsglaube entsprechen einander. Wo beides fehlt: eine um Vergangenheit und Zukunft amputierte Gegenwart.

Elly Ney mit dem Wiener Kammerorchester im Regensburger Neuhaus-Saal. Befleckte Hände.

Suche mich, wo du willst – nur nicht in meinen Eigenschaften.

Was mein Gestern als seine Zukunft fühlte, ist nicht das, was mein Heute als seine Vergangenheit weiß.

Mitteilung des Kultusministeriums, daß ich als Referendar dem Gymnasium in Weiden zugeteilt bin. Mein Leben wird also in der nächsten Zeit ganz anders verlaufen, als ich es mir vorgestellt hatte. Die Wendung kommt meinem immer sprungbereiten Trieb zum Rückzug entgegen, zum Untertauchen, völligen Verschwinden.

Ich bin meiner Sache sicher, aber gerade deshalb muß ich sie immer wieder preisgeben.

Das Lustrum des Studiums ist abgeschlossen, München ade, du warst nie mein lieb Heimatland. Ich bereite mir mit dem 4. Brandenburgischen Konzert, dem letzten Klavierkonzert Mozarts und der Jupiter-Symphonie in der Wohnung eine einsame Abschiedsfeier. Abschied auch von Regensburg (1. Dezember): Konzert des Stadttheaterorchesters. Carl Seemann spielt das Krönungskonzert. Dann Schuberts C-Dur-Symphonie. Die Sisyphos-Arbeit der Kunst, Schmerz in Schönheit zu verwandeln.

EIN FRÜHER GOTT

Der Sechzehnjährige bezog seine Kunstreligion aus zwei lyrischen Bibeln: einem Alten Testament: der *Lyrik des Abendlands,* die 1949 im Hanser Verlag erschienen war, ausgewählt von Georg Britting, dem einzigen Dichter, den seine Heimatstadt Regensburg hervorgebracht hatte, ach, er lebte schon längst nicht mehr in ihr, und dem Neuen Testament der *Geliebten Verse,* einer Anthologie des Limes Verlags von 1951. Zwanzig Künstler und Schriftsteller und *ein* Philosoph (Martin Heidegger) waren von dem Verleger Max Niedermayer aufgefordert worden, die zehn schönsten Gedichte der ersten Jahrhunderthälfte zu nennen. Der Philosoph mußte natürlich aus der Reihe tanzen: Seinem unerbittlichen Anspruch genügte nur je ein Gedicht von Hofmannsthal, Rilke und Benn. *Mein* Dichter war dreimal vertreten, das Ergebnis enttäuschte mich, aber dafür durfte er den Abschluß des abendländischen Lyrikbandes bilden. Er hieß Josef Weinheber, war im selben Jahr wie mein Vater geboren, 1892, und hatte sich 1945 mit einer Überdosis Morphium umgebracht. Die Verse, die ihm die Aufnahme in das poetische Pantheon verschafften, galten dem zweieinhalbtausend Jahre alten Dichter Alkaios, der mit seinen frühgriechischen Kollegen und römischen Nachahmern das erste Siebtel des Buches bestritt. Ein gewaltiger Bogen spannte sich zum Anfang zurück. Die Strophen von Weinheber waren viel besser als die schlecht übersetzten Fragmente des Alkaios. So kam es mir vor. Dabei hätte mich schon das erste Wort der ersten Zeile stutzig machen können. «Allalles ausgelöscht, aus der Brust gezerrt / das Herz ...» Das befremdliche *allalles* war eine Nachbildung des griechischen *pantapasin.* Die antiken Erfinder der Dichtkunst und der Rhetorik liebten, wie ich aus dem Griechischunterricht des Regensburger Gymnasiums wußte, solche Verdoppelungen. Das ganze Gedicht war die Kopie eines aus dem lückenhaft überlieferten Versbestand des alten Griechen imaginierten Originals. Das Ich, das sich hier in lupenreinem alkäischen Versmaß der Nachwelt empfahl – «Was klein ist, hab ich immer gehaßt, verehrt / das Göttliche, gekämpft und den Wein geliebt» – war das eines Ottakringer Fleischersohnes, Korrektionszöglings und Postinspektors, der sich in einem Kraftakt ohnegleichen zu einem Hölderlin der Nazijahre aufgeschwungen hatte. Mein erster lyrischer Gott war ein falscher Gott, der freilich noch felsenfester an sich glaubte als ich an ihn. In einer der Bodenkammer-Bücherkisten war ich auf ein grün-blau-rot-gelbes Leinenquartett gestoßen, dessen Titel mir in monumentalen Goldbuchstaben entgegenleuchteten. *Adel und Untergang, Späte Krone, Zwischen Göttern und Dämonen* lauteten die ersten drei – das war nicht nur ganz nach meinem Geschmack, es war mein Fall. Die Bücher waren alle kurz hintereinander in den dreißiger Jahren erschienen, der Mann war offenbar ein lyrischer Vesuv. Nach der Eruption noch der eine und andere Erguß, dann das Erlöschen, schließlich der Selbstmord. So stellte ich mir die lorbeerbekränzte Glorie und die dornengekrönte Passion des großen Schöpfertums vor. Schon der vierte Band enthielt ein Sammelsurium aus Liedern, Blumenversen, Widmungsgedichten und ließ nur noch *Kammermusik* hören. In *Adel und Untergang* fand sich das Alkaios-Gedicht – neben Oden in sapphischem und asklepiadeischem Metrum, Hymnen, Sonetten, Terzinen, einem Abschnitt, der *Das reine Gedicht* überschrieben war, und zehn Variationen des Hölderlinschen Parzengedichts. Mein Dichter präsentierte sich als lyrischer Alleskönner, ich war viel zu ehrfürchtig, um die anmaßende Schamlosigkeit dieses hochtalentierten Mimikri zu bemerken, nahm den Schwulst für den Ausdruck höchster Erhebungen und tiefster Erschütterungen, schwelgte im Wortgebrodel. Es war alles geliehen, Faltenwurf von Gewändern, die aus der Garderobe eines Schmierentheaters stammten, Falschmünzerei in größtem Stil. Noch einmal muß gesagt werden, daß der Dichter sein eigenes Opfer war, das Opfer seiner Begabung, seines Größenwahns und seines Ruhms. Ich war nicht der einzige, der sich von der Politur dieser Imitate blenden ließ. Die Auflagenzahlen, die auf der Innenseite des Titelblatts verzeichnet waren, bewegten sich im zweistelligen Tausenderbereich, die *Späte Krone* hatte 1936 das 42. Tausend erreicht. Wußte ich, daß Weinheber ein Hätschelkind der nationalsozialistischen Kulturpropaganda gewesen war? Offenbar spielte das 1952 keine Rolle. An meinem siebzehnten Geburtstag gaben meine Eltern eine Einladung, und ich las der gläubig lauschenden Gesellschaft, in der sich auch einige Lehrer von mir befanden, meine Weinheber-Lieblingsgedichte vor. Auch als er mir bald darauf gleichgültig wurde, machte ich mir die Pose, auf die ich hereingefallen war, nicht klar. Der Wiener Abendstern verschwand von meinem Himmel, wie ein Gestirn versinkt.

ABSCHIED VOM GENIEVERDACHT

Als ich eingeladen wurde, im Juni 1959 im Münchner *Tukaneum* zu lesen, das damals identisch war mit dem Theatersaal des *Regina* am Maximiliansplatz, war ich vierundzwanzig und absolvierte weit entfernt von der Landeshauptstadt: in Weiden in der Oberpfalz, mein erstes Jahr als Referendar am dortigen Gymnasium. «Weiden ist mir nur als Bahnstation der über Regensburg gehenden Linie nach Berlin ein Begriff, die ich in lang zurückliegenden Jahren sehr oft gefahren bin», schrieb die mich einer Korrespondenz würdigende Ina Seidel. Sollte das ein Trost sein? Eher das Gegenteil. Ich war aber durchaus trostbedürftig, zumindest in den ersten Monaten des als trostlose Verbannung empfundenen Aufenthalts an einem Ort, der eine geradezu programmatische Reizlosigkeit auf seine Fahnen geschrieben hatte, geschrieben gehabt *hätte;* es wehten ja keine. Auch daß mein Vater hier geboren war, um sechzehnjährig aus der Schule zu fliegen, in der ich das Unterrichten lernen sollte, machte die Fallhöhe meines Sturzes nicht geringer. Ich hätte mich dann und dort einzufinden, hatte es im autoritären Bürokratendeutsch des kultusministeriellen Schreibens geheißen. Das «Dort» hieß für einen Altphilologen Tomi am Schwarzen Meer, was immerhin eine gewisse Aufwertung der traurigen Wirklichkeit bedeutete, auch wenn mein Genieverdacht – es ist der aus dem Zusammenbruch der Kindheit gerettete halbbewußte Glaube, zu einer höheren Bestimmung geboren zu sein – nicht ganz ausreichte, mich mit Ovid zu identifizieren. Das «Dann» war der 2. Dezember 1958, ich konnte mich an einen kälteren nicht erinnern. Die Herbergssuche führte in ein in besonders häßlicher Vorstadtgegend gelegenes Zimmer, das unheizbar war. Ich mußte mir einen von diesen Heizkörpern besorgen, in deren Bannkreis man sich auf der einen Seite Verbrennungen, auf der anderen Frostbeulen zuzieht. Und ich fror noch im Bett, so daß auch an diesem sonst verläßlichen Zufluchtsort an Lesen nicht zu denken war, geschweige an Schreiben. Ohnehin wäre in den Augen der Vermieterin, einer grämlichen Kriegerswitwe, jenes eine abwegige, dieses eine abartige Beschäftigung gewesen.

Die Schüler waren brav, hatten aber schwere Zungen. Die intelligenten sahen aus wie ein ins Unreife übersetzter Max Reger, auf den sich der geballte künstlerische Lokalpatriotismus der Stadt erstreckte. Etwa ein Drittel der Schülerschaft rekrutierte sich aus den Insassen des sogenannten Bischöflichen Knabenseminars, eines Neubaus, der von der Schule aus durch einen Verbindungsgang zu erreichen war und dessen Studiersäle zugleich als Unterrichtsräume dienten. Die zum Priesterberuf Erkorenen waren in eigenen Klassen zusammengefaßt, sie sollten um Gotteswillen nicht in Berührung mit den verdorbenen Stadt- und noch verdorbeneren Fahrschülern kommen. Da ich als Halbwüchsiger an einer Stenographieprüfung teilgenommen hatte und ein Zeugnis vorweisen konnte, das mir 130 Silben pro Minute bescheinigte, durfte ich in einer dieser Seminarklassen Stenographieunterricht geben.

Ich hatte mir den Auftakt meiner pädagogischen Laufbahn etwas anders vorgestellt. Die Sache war die, daß ich immer schon, das heißt, seit ich zwölf war, nach dem Zerrinnen der eisblockfesten Gewißheit, zum Komponisten Beethovenschen Formats (ich hatte die Biographie von Schindler gelesen) geboren zu sein, unbedingt Lehrer werden wollte, weiß Gott, warum. Das war also auch noch in Weiden (oder: in *den* Weiden, wie die Alteingesessenen sagten) kein Brotberuf, sondern eine faustdicke Sehnsucht. Der stark ausgeprägte Genieverdacht war mit diesem Wunsch schlechthin unvereinbar; er verschob sich vom Tonkünstler zum Dichter: Ich wollte nicht weniger unbedingt Schriftsteller werden. Beide Seelen in meiner Brust, die ich jedem offenbarte, der das Unglück hatte, in meine Nähe zu kommen, waren meinen Eltern unbegreiflich; sie hofften, «es» würde sich mit den Jahren schon geben. Es gab sich nicht. Was sich gab, war die friedliche Koexistenz der zwei von mir hartnäckig verfolgten Tendenzen. Ich studierte die alten Sprachen nicht etwa aus Begeisterung für die Antike, sondern weil sie das für mich nächstliegende Mittel waren, meinen Lehrerwunsch zu verwirklichen.

Es war ein Studium, das mir genug Zeit ließ, der anderen Linie mit derselben Energie nachzugehen. Schon als Schüler hatte ich meine Gedichte an alle möglichen Autoren verschickt, die meisten antworteten. Es gibt Dinge, die nie wieder gutzumachen sind, wenn man sie vor seinem zwanzigsten Lebensjahr versäumt. Mit manchen der damals Berühmten kam es zu einer längeren Verbindung. Von Ina Seidel war schon die Rede. Die Brüder Jünger, Erhart Kästner, Günter Eich nahmen sich meiner an. Die wichtigste Figur in meinem *honoris causa* eingerichteten

Kabinett war der wie ich in Regensburg geborene und aufgewachsene, seit Jahrzehnten in München lebende Erzähler und Lyriker Georg Britting. Lest ihn!

Ihm verdankte ich das Erscheinen eines ersten Gedichtbandes im Carl Hanser Verlag. Seinen Titel *Falterzug* hatte ich einem an entlegener Stelle publizierten Gedicht von Max Rychner entlehnt. «Falter ziehen nicht!», rief mir mein ehemaliger Deutschlehrer entgegen, als ich ihn in Regensburg auf der Straße traf. «Vögel auch nicht», hätte ich ihm entgegnen können, wenn mir die Trakl-Zeile «Ein Vogelzug grüßt auf der Reise» nicht zu spät eingefallen wäre. Bedenklicher waren die Falter. Anno 1956 in den meisten Feuilletonredaktionen noch akkredidiert, so daß das Büchlein des Einundzwanzigjährigen überall fast nur positiv besprochen wurde, fielen sie, die Falter als solche, wenige Jahre später in Ungnade. Horst Bienek, aufs schlimmste gebranntes Ostkind, 1957 nach München und mit seinem *Traumbuch eines Gefangenen* zu Hanser gekommen, ergoß, als ich ihm beim üblichen Januar-Autorenabend in der Kolbergerstraße zum ersten Mal begegnete, seinen Spott über die Idyllik eines Falterzugs, und in einem Winkel meines Herzens gab ich ihm recht.

Das hinderte mich freilich nicht, 1958 einen zweiten Gedichtband in dem renommierten Verlag unterzubringen – mit dem noch gefährlicheren Titel *Blüte und Verhängnis.* Der erwies sich denn auch als prophetisch, folgte doch der Blüte das Verhängnis auf dem Fuß. Er wurde kaum mehr besprochen, und wenn er es wurde, stand der Hinweis auf den mittlerweile obsolet gewordenen durchgängig verwendeten Reim im Mittelpunkt. Eine der wenigen ausführlichen und anerkennenden Rezensionen verlor nach dem einschneidenden Jahr 68 ihre Gültigkeit. Sie stammte von dem damals noch seinem unseligen Nazivater Will Vesper ergebenen Bernward Vesper, der dann mit Gudrun Ensslin einen Sohn zeugte und mit seinem Romanessay *Die Reise* in die Literaturgeschichte einging.

Es geht sehr schnell: Was ein Versprechen zu sein schien, wird zur Jugendsünde, und der zu früh errungene Lorbeerkranz macht sich als Dornenkrone bemerkbar. Das ist in meinem Fall natürlich maßlos übertrieben formuliert. Aber es bezeichnet ungefähr die Verfassung, in der mich die Einladung zur Tukan-Lesung ereilte. Ich empfand sie als Anachronismus. Der Genieverdacht schwelte nur noch als ein Stückchen Glut unter einem Haufen Asche. Die Schule dominierte. Als die Bayerische Akademie der Schönen Künste anfragte, ob ich mich für ein halbes Jahr beurlauben lassen könnte, um als Stipendiat der Villa Massimo nach Rom zu gehen, lehnte ich ab. Marieluise Fleißer, damals war ich bereits nach Ingolstadt versetzt, erzählte mir, Ina Seidel habe mich vorgeschlagen und die ganze Literaturabteilung habe zugestimmt. Noch war ich in Weiden. Dem strengen Winter waren ein leuchtender Frühling und Frühsommer gefolgt. Ich durfte jetzt auch eine Griechischklasse unterrichten. Was wollte ich mehr? Andrerseits – warum sollte ich die Gelegenheit ausschlagen, in das dreieinhalb Bahnstunden entfernte München zu kommen, meine Freunde wiederzusehen? Sie waren dann auch ziemlich vollzählig im *Regina* versammelt.

Als Lesende waren wir zudritt. Ich weiß nicht, was aus Tamara Ehlert und Heinz Werner Hübner geworden ist. Ich kam als erster an die Reihe, weil ich der jüngste war. Als ich die erste

Zeile des ersten Gedichts rezitierte – sie lautete «Funkelnd ging mein Schmerz am Himmel auf» – , seufzte eine Stimme ein leises, aber vernehmliches «Schön». Es war nicht ironisch gemeint. Mir klang das Prädikat wie ein Todesurteil in den Ohren.

RÜCKKEHR
EINE BIOGRAPHISCHE PHANTASIE

20. September: Anruf des Klostergymnasiums M. Offenbar ist ein Lehrer pünktlich zu Schuljahrsbeginn krank geworden; ich soll seine Lateinklassen übernehmen. Vor Jahren habe ich in M. unterrichtet – Dominik zuliebe, der damals dort anfing und glücklich war, daß sein Papa mit ihm zusammen in die Schule gehen mußte. Wie lang ist das her? Ich muß in alten Tagebüchern nachschauen. Wenn ich nur wüßte, wann Dominik Abitur gemacht hat. Der Pater Rektor ist noch der alte Scherzbold. Fragte, wo ich denn bliebe. Nun, ich werde morgen hinfahren und mir die Sache näher ansehen. Eigentlich kommt mir dieser Anruf aus heiterem Himmel nicht ungelegen. Der Himmel ist nämlich schon seit Wochen überhaupt nicht heiter, sondern tief verhangen. Wieder einmal stockt die Arbeit am Roman. Es war wohl falsch, die Schule vorzeitig aufzugeben, um endlich das Buch meines Lebens zu schreiben. Ich brauche Ablenkung, erhoffe mir von einem Gastspiel in der Schule einen neuen Lebens- und Schreibimpuls.

21. September: Heute früh die zwanzig Kilometer nach Kloster M. gefahren, die Strecke, die ich so oft wie keine andere zurück-

gelegt habe. Ein Fest des Wiedersehens mit Hügeln, Baumgruppen, Wegeskrümmungen. Die Klosteranlage im Flußtal kam mir allerdings größer vor als ehemals. Mich in dem labyrinthischen Inneren des Gebäudes zurechtzufinden, habe ich nie gelernt. Immer wieder habe ich Treppen und Korridore verwechselt, bin vor Gittern gelandet, hinter denen die Klausur der Mönche begann. Der Bruder Pförtner kannte mich noch und ließ mich mit einem flüchtigen Kopfnicken passieren. Die Dame im Sekretariat ist wohl neu, begrüßte mich aber mit meinem Namen. Der Direktor sei jetzt nicht zu sprechen, hier sei mein Stundenplan, ich möge nur gleich in die 7a gehen. Die Klasse befinde sich im selben Raum wie letztes Jahr. Eine sehr hilfreiche Auskunft! Ich wagte nicht zu fragen, wo ich das Zimmer fände; Schüler wiesen mir den Weg.

22. September: Den Direktor bekam ich wieder nicht zu Gesicht. Was die Sekretärin betrifft, hatte ich heute doch eher den Eindruck einer alten Bekannten. Auch die Schüler sind mir nicht so fremd wie noch gestern. Als ich meinen Namen an die Tafel schrieb, lachten sie, als ob eine Vorstellung unnötig sei. Sollte das Fernsehporträt von mir, das neulich (oder doch schon vor mehreren Jahren?) ausgestrahlt wurde, meinen Bekanntheitsgrad dermaßen erhöht haben?

25. September: Die erste Schulwoche liegt hinter mir. Meine linke Hand war immer schon verkümmert: Ich kann nichts nebenbei erledigen. Also verwende, verschwende ich das bißchen Energie, über das ich noch verfüge, fast restlos auf die Vorbereitung des Unterrichts. Mit meiner Zehnten lese ich Ovids *Meta-*

morphosen, wie es im Lehrplan schon seit ein paar Jahrhunderten vorgeschrieben ist. Sinnvollerweise: Um Verwandlung geht es ja auch bei diesen Jugendlichen. Und mir scheint fast, daß ich ebenso in einem Umbruch begriffen bin. Wiederholte Pubertät à la Goethe?

26. September: Meine frühste Erinnerung an M.: Die Eltern fahren mit mir langsam wie in Zeitlupe, es muß bald nach Kriegsende gewesen sein, am Kloster vorbei. Auf einer Stufe der mit Tuffsteinrampen versehenen Doppeltreppe hockt ein halbwüchsiger Junge, die Arme über den angewinkelten nackten Knien verschränkt. Ein Hochsommertag, das Auto zog eine Staubwolke hinter sich her, die dem Jungen entgegentrieb. «Der ist hier im Internat», sagte meine Mutter. Das Wort war mir neu, ich fragte nicht nach seiner Bedeutung. Seitdem ist für mich «Internat» unauflöslich mit Sommerhitze, Einsamkeit, Entwicklungsnot verbunden. Der Junge sitzt immer noch da, ich sehe ihn täglich, während die auf der Treppe sich drängenden Schüler und Lehrer unbekümmert durch ihn hindurchgehen, stummer Zeuge der einzigen Ewigkeit, die es auf Erden gibt: der Zeit des Übergangs.

27. September: Ich gehe also wieder in die Schule. Mein Sohn hat sie hinter sich, hat sich längst freigeschwommen, er studiert im Ausland (wo, ist mir im Moment entfallen; entschuldige, Dominik). Ich bin hinter ihm zurückgeblieben, spreche die Sprachen nicht, die er spricht, kann die Geräte nicht bedienen, die er mit Selbstverständlichkeit handhabt. Daß ich dem Ruf des Rektors gefolgt bin, viel zu bereitwillig, kommt mir inzwischen wie

ein Rückfall vor. Das Schreiben des Romans war ja, wenn ich ehrlich bin, als Entziehungskur gedacht. Jetzt die unselige Blockade, das Herausreißen von Blättern aus dem etwas zu feierlich eingebundenen, mir von meiner Frau zum (wievielten?) Geburtstag geschenkten Manuskriptbuch. Manchmal habe ich das Gefühl, noch gar nicht angefangen zu haben. Als der Rektor anrief, war ich mit meiner Widerstandskraft am Ende, hatte dem Sog der Vergangenheit nichts mehr entgegenzusetzen.

28. September: Die Frühreifen und die Retardierten. Ich gehörte zu den Frühreifen, Stimmbruch mit zwölf, mit vierzehn las ich Nietzsche, übersprang eine Klasse und war den meisten der ein oder zwei Jahre Älteren auch in meiner körperlichen Entwicklung voraus. Da waren Fünfzehnjährige mit glatter Haut und heller Stimme, engelhaft geschlechtslos wirkende Wesen, Unberührte, die das, was mich und meinesgleichen bei Tag und vor allem bei Nacht umtrieb, nichts anzugehen schien. Wenn man ihnen aber nach einem Jahrzehnt begegnete, waren selbstsichere junge Männer, manchmal schon Familienväter aus ihnen geworden, die nur in eine Richtung gehen würden: vorwärts, aufwärts. Ich aber sehnte mich zurück, hatte nach meinem Studium nichts Eiligeres zu tun, als wieder unter die Fittiche des Mütterchens Schule zu schlüpfen. Das Wort ist weiblich, und die einzelne Klasse, gleichgültig aus wie vielen Mädchen oder Jungen sie besteht, ist es auch. *Meine* Siebte, *meine* Zehnte erwartet mich. Ich komme, ich komme. Ein Liebesverhältnis, das ganz im Zeichen der Symbiose mit der Mutter, der Magna Mater, steht.

29. September: Das Erfolgsgeheimnis: Mit den Jugendlichen gemeinsame Sache gegen die Welt der Erwachsenen machen.

9. Oktober: Über den Lehrer, den ich vertrete, läßt man mich weitgehend im unklaren. Nicht einmal seinen Namen kenne ich. Entweder hat man ihn mir verschwiegen, oder ich habe, als er genannt wurde, nicht richtig hingehört. Offenbar weiß niemand genau, was ihm fehlt. Als ich mich beim Rektor erkundigte, wie lange mein Gastspiel voraussichtlich dauern werde, lachte er und sagte: «*Gastspiel* ist gut.» Aber seine Augen lachten nicht mit, sondern sahen mich ernst, fast besorgt an.

20. Oktober: Der dreistündige Elternabend gestern hat mich so ermüdet, daß ich mich für heute krankgemeldet habe. So komme ich endlich wieder dazu, mein Tagebuch fortzusetzen. Hinter mir liegt einer der Ritte über den Bodensee, an denen mein Leben so reich ist. Keinen einzigen der Namen, mit denen sich die Mütter und Väter vorstellten, konnte ich mit einem meiner Schüler verbinden. Ich gab das natürlich nicht zu und redete mit dem sogenannten Erziehungsberechtigten über sein Kind, wie man dem Autor eines Buches, das man nicht gelesen hat, Auskunft über tiefgehende Lektüre-Eindrücke gibt. Es kam auch vor, daß mein Besucher gar keinen Namen nannte, sondern mich begrüßte, als seien wir uns längst begegnet. Er muß mich mit meinem Vorgänger verwechselt haben. Da ich den Eltern immer nur Gutes über ihre Sprößlinge sage und die üblichen Formeln zur Charakterisierung junger Menschen ungemein begrenzt sind, fiel meine Ahnungslosigkeit kaum auf. Trotzdem trat ich schweißgebadet die Heimfahrt an.

21. Oktober: Weil ich gestern «schwänzte», wollte ich wenigstens die Arbeit am Roman fortsetzen. Es wäre ein Euphemismus, wenn ich sagte, es sei mir nicht gelungen, den Faden wieder aufzunehmen. Da war gar kein Faden. Vielmehr: Es sind ihrer viel zu viele. Das ganze Manuskript besteht aus nichts als Fäden, die sich ineinander verknäuelt haben. Ich gab sehr schnell auf und nahm die fällige Prüfungsarbeit für die 7a in Angriff.

24. Oktober: Es stört mich, daß ich der Stellvertreter eines Phantoms bin. Ich fragte die Schüler nach dem Namen des kranken Lehrers und bekam wieder einmal Gelächter zur Antwort. Einer, der nicht lachte, sagte: Der heißt doch wie Sie, wissen Sie das denn nicht? Ein Namensvetter also. Ich habe leider viele, auch unter meinen derzeitigen Schülern ist einer. Als Kind habe ich unter der Gewöhnlichkeit meines Namens gelitten und vermied den Blick auf die entsprechenden Spalten des Telefonbuchs. Mozarts Mutter war eine geborene Pertl, die Mutter des Vaters hieß Sulzer. Ich war überzeugt, daß die *Kleine Nachtmusik* anders geklungen hätte, wenn ein Wolfgang Pertl oder gar Sulzer ihr Komponist gewesen wäre. Dann tröstete ich mich mit den Tausenden von Schillers, Schuberts und Wagners. Meinen Feld-, Wald- und Wiesennamen in Verbindung mit meinem Vornamen zu einem festen Begriff zu schmieden, bestimmte nicht zuletzt den Entschluß, ein möglichst bekannter Schriftsteller zu werden. Nun, das schlug fehl, aber der Schmerz über dieses Scheitern hat nichts mehr mit meinem Sulzer-Schicksal zu tun.

28. Oktober: In der Zehnten begann ich mit Ovids *Orpheus*.

Überraschend, fast enttäuschend schnell steht Orpheus vor dem unterirdischen Doppelthron. Keine Manto mußte um Einlaß angefleht, kein dreiköpfiger Höllenhund bezwungen werden. Spielend überwindet er alle Schranken, die die Lebenden von den Toten trennen. Spielend im wörtlichen Sinn! Wenn Orpheus durch sein Klagelied das Rad des Ixion stillstehen läßt, Sisyphos dazu bringt, sich auf seinem Stein auszuruhen, die unbarmherzigen Erinyen zu Tränen rührt und schließlich das Totenkönigspaar, dessen Herrschaft alle menschlichen Machtverhältnisse übersteigt, zur Herausgabe der Jungverstorbenen bewegt, ist es die Kunst, nicht die Liebe, die den Sieg über den Tod davonzutragen scheint. Gleichgültig, wovon er singt: Sein Lied erweicht Steine und zähmt blutrünstige Bestien. Es hebt die Unterweltsordnung aus den Angeln, bricht das Naturgesetz. Es vermag durch Erinnerung und Vorwegnahme die Qual der Zeit auszulöschen. Im Lied lebt der vor dreitausend Jahren gefallene Held weiter bis heute. Aber ist *das* die Botschaft des aufgeklärten Dichters Ovid? Orpheus steht ja am Schluß als Verlierer da. Er hat die einzige an das Glück des Wiederfindens geknüpfte Bedingung nicht erfüllt. Nur ein paar Schritte trennen ihn noch von der Oberwelt, da dreht er sich um. Was sieht er? Einen Schatten, der sich unter seinem Blick sogleich auflöst, die in der vom Diesseits trübe erhellten Luft zitternde Spiegelung einer Figur, deren weiße Arme ins Leere greifen, zerrinnende Lippen, die ein lautloses Lebewohl zu formen scheinen. Das ist sie nicht, für die er den Weg durch die Luft gewordenen Völker und die unermeßliche Öde eines totenstillen Raums gewagt hat, das ist nur der blasse Umriß seiner Erinnerung an sie. Niemand ist ihm gefolgt. Die ganze Geschichte war nur seine Einbildung, und seine Einbildungskraft erwies sich, bei Licht besehen, als zu schwach, die Tote ins Leben seines Gedichts zu rufen. Orpheus hat als Dichter versagt, nicht als Liebender. Ovid erzählt nicht die Geschichte von der allesbezwingenden Kunst, sondern von ihrer Unzulänglichkeit.

29. Oktober: Vorstehendes habe ich aus früheren Aufzeichnungen übernommen; ich lese ja den *Orpheus* nicht zum ersten Mal. Wenn ich ehrlich bin: In meiner derzeitigen Verfassung bin ich zu so komplizierten Gedankengängen gar nicht imstande. Beim Abschreiben ist mir aber alles wieder klar geworden. Ich würde den Schülern gerne etwas davon nahebringen. Lange genug haben wir uns mit dem Wortlaut der Ovidverse herumgeschlagen. Mit einer sehr kleinen Vorhut bin ich, einen breiten Troß von Fußkranken hinter mir herziehend, durch das fremde Sprachgelände gestolpert. Jetzt soll das, was in der hochstaplerischen Terminologie der Unterrichtsmethodik Interpretation heißt, der Lohn für die lange Mühe sein.

7. November: Eine Woche Herbstferien kam dazwischen. Trostloses Novemberwetter. Meine Frau rief an und wollte mich dazu überreden, in die Stadt zu kommen. Ich lehnte ab; in strenger Zurückgezogenheit müsse ich letzte Hand an meinen Roman legen. Tatsächlich verbrachte ich die Tage zum größten Teil im Bett – in tiefer Apathie. Meine Hauptbeschäftigung bestand darin, einzelne Wörter, die sich in meinem Ohr eingenistet hatten, von rückwärts zu buchstabieren, was mir furchtbar schwer fiel, doch der Zwang, dem ich gehorchte, war unerbittlich.

8. November: Wie befürchtet, scheiterte ich kläglich mit dem Versuch, den Halbwüchsigen den Gehalt der Orpheus-Episode zu erschließen. Der Tod tangiert ihr Lebensgefühl nicht, die Liebe hat jeden Schrecken für sie verloren, und nichts ist ihnen fremder als eine Kunst, die nichts im Sinn hat als sich selbst und auf nichts und niemand, am wenigsten auf ihren Urheber, Rücksicht nimmt. Ein Dichter will gute Gedichte machen, sonst nichts. Eine aussichtslose Leidenschaft taugt tausendmal besser für einen schönen Vers als jedes Partnerschaftsglück.

10. November: Peinlich, obwohl ich mein einziger Zeuge bin: Ich habe mich auf dem Weg zum Kloster verfahren! Meine einzige Entschuldigung ist der heute morgen ungewöhnlich dichte Nebel. Ich bin durch Gegenden gekommen, die mir völlig fremd schienen, ehe ich nach zweieinhalb Stunden wieder bei mir zu Hause landete. Voller Scham, zugleich unendlich erleichtert, zurück in den vertrauten vier Wänden zu sein. In der Schule rief ich an und behauptete, in einen durch mehrere Verkehrsunfälle verursachten Stau geraten zu sein. «Kein Wunder bei diesem Nebel», sagte die Sekretärin, es klang nicht sehr überzeugt.

15. November: Heut nacht träumte ich, der kranke Lehrer sei zurückgekehrt, und wir seien, als er mich aus der Klasse drängen wollte, in ein Handgemenge geraten. Er war überraschend jung, hätte mein Sohn sein können, ein etwas älterer Bruder Dominiks. Als mir der Junge die Kehle zudrückte, wachte ich auf, im Ohr das Gejohle aus fünfundzwanzig Kehlen, das dann in einen einzigen langgezogenen Schrei überging, den Schrei einer

Frau. Der Traum wirkt in meinen Tag. Ich beschließe, dem Burschen auf die Spur zu kommen.

16. November: Das Mißtrauen, dem ich in der Schule nachgerade auf Schritt und Tritt begegne, blickte mich auch aus den Augen der Sekretärin an, als ich sie bat, mir eine Adressenliste der Lehrer, und zwar die vom letzten Jahr, zu geben. Ich wollte nicht direkt nach meinem Vorgänger fragen, weil das wegen der Namensgleichheit lächerlich geklungen hätte. Die strenge Dame überließ mir eine Kladde zu ambulanter Einsicht, und ich notierte mir hastig auf dem Vorsatzblatt meines Lateinbuchs die Anschrift meines Traum-Widersachers.

17. November: Ich stehe noch ganz unter dem schockierenden Eindruck der Entdeckung, die ich zu Hause beim Aufschlagen des Lateinbuchs machte. Zuerst erschreckte mich nur die Fahrigkeit meiner Schrift. Beim Entziffern wurde mir kalt ums Herz: Ich hatte meine eigene Stadtadresse aufgeschrieben! Das kann doch nur bedeuten, daß Kollege R. im selben Mietshaus wohnt wie meine Frau und ich. Vielleicht ist er erst im Lauf des letzten Schuljahrs dort eingezogen, was ich nicht bemerken konnte, da ich mich ja seit mindestens einem Jahr hierher aufs Land zurückgezogen habe. Sobald ich mich einigermaßen erholt fühle, werde ich in die Stadt fahren und der Sache auf den Grund gehen.

21. November: Das Wochenende war furchtbar. Ich rief meine Frau an, sie solle nachschauen, ob im Haus ein zweiter Herr R. wohne. Sie faßte es als Witz auf und erwiderte: Ich brauche kei-

nen zweiten Herrn R., du genügst mir schon. Ich sei wohl sehr tief in meinen Roman verstrickt. Nun wollte ich sofort hinfahren, hatte aber das Haus von innen abgesperrt und konnte den Schlüssel, den ich, um mich zur Arbeit zu zwingen, abgezogen hatte, nicht finden. Mein Altersdiabetes quälte mich mit Anfällen von Heißhunger, den ich durch das Hinunterschlingen von halbrohen Kartoffeln zu stillen suchte. Inzwischen bin ich ruhiger, der Schlüssel fand sich unter meinem Kopfkissen, und ich muß mich beeilen, um rechtzeitig in der Schule zu sein.

22. November: Es wird Zeit, ein Loblied auf meine siebte Klasse zu singen. Die Kinder, es sind ja keine mehr, aber ich nenne sie so, hängen an mir und ich an ihnen. Es gibt Momente, in denen mir diese Klasse als der einzige Ort auf Erden vorkommt, wo ich mich vor allen Nachstellungen sicher fühlen kann.

23. November: Wenn die lateinischen unregelmäßigen Verben nur nicht so langweilig wären! Ich benütze jede Gelegenheit zur Abschweifung, zu Ausflügen in die Universen von Geschichte, Dichtung, Philosophie. Dreizehnjährige verstehen verstiegene Ideen so gut, weil sie selber verrückt sind. Ich muß verhindern, daß sie mich duzen. Immer wieder rutscht ihnen die vertrauliche Anrede heraus. Aber ich darf nicht dulden, was immer den Kollegen böses Blut machen würde.

24. November: Mir fiel das Heft in die Hände, in dem der elfjährige Dominik, lang ist's her, die von ihm erfundene Sprache festhielt. Jeden Abend hatte ich Unterricht in *Zorones*. Ich mußte Vokabeln und Schemata lernen, für die es in den mir geläufigen

Sprachen keine Anhaltspunkte gab. Er war ein strenger, ja gnadenloser Lehrer. Ich verstand, daß der Kleine den tagsüber aufgehäuften Schulfrust auf diese Weise abreagierte und machte gute Miene zum bösen Rollenspiel. Aber die Sprache, die er sich während der Latein- und Englischstunden ausdachte, gefiel mir, und ich lieferte sogar gelegentlich eigene Beiträge: eine weitere Deklination, eine dritte Vergangenheit und ein zweites Futur. Immerhin brachte er mich so weit, daß wir uns auf Zoronisch ganz gut unterhalten konnten. Zorones leitet seinen Namen von ‹zoro›, dem Wort für «Drachen», her. Ich will meine Siebte zum Drachenfliegen einladen. Zoro hat bessere Chancen, sich oben zu halten, als Ikarus, dessen trauriges Schicksal inzwischen die Orpheus-Tragödie abgelöst hat und gut zu meiner Zehnten paßt. Der Vater Dädalus ist zugleich sein Lehrer. Wer ist schuld an der Katastrophe, der Junge mit seinem bodenlosen Leichtsinn oder Dädalus, der ihm das Fliegen nicht hinreichend beizubringen weiß? Ovid lenkt die Sympathie auf den Vater, dem Tränen die altersschlaffen Wangen netzen, während er mit zitternden Händen die aus Federn und Wachs gebastelten Flügel den jugendlichen Schultern anpaßt. Er küßt sein Kind – zum letzten Mal. Mag der Vater rühren – der Lehrer hat versagt, wie jeder Lehrer versagt. Der zoronische Mythos ist weniger grausam als der griechische. Seine Helden sind ausschließlich Tiere, die den Menschen, ihren Todfeinden, ein Schnippchen schlagen. Zorones ist eine Sprache für Kinder, die sich mehr oder weniger weit aus dem Fenster ihres Kinderzimmers lehnen und schon die Luft einer fremden Zukunft fühlen. Für meine Siebtkläßler genau das Richtige.

27. November: Packt eure Lateinbücher wieder ein, verkündete ich, wir lernen ab jetzt eine andere Sprache, die viel leichter ist und die euch allein gehört. Keiner fragte, wozu das gut sei. Kinder lernen alles, wenn man es ihnen nur schmackhaft macht. Schon in der ersten Stunde konnten sie kleine Sätze bilden. Fe ultas kimasal: Zorot karesas mumust, bissum nos wist. Der König spricht: Drachen lieben Zwerge, aber keine Menschen. Patas arst gas bortas. Alle Lehrer sind böse. Lurusat fa karda fe guras. Wir hören die Stimme des Dichters.

7. Dezember: Die Schüler machen erfreuliche Fortschritte, tauschen bereits Bemerkungen in der neuen Sprache aus, die niemand außer ihnen versteht. Das Gemeinschaftsgefühl der Klasse hat sich deutlich erhöht. Ich bin ganz einbezogen. Ja, ich kann sagen: Wir sind ein Herz und eine Seele.

10. Dezember: Wir haben statt der zweiten Lateinschulaufgabe einen Test im Zoronischen geschrieben, der sehr gut ausfiel. Natürlich hatte ich den Schwierigkeitsgrad der Arbeit so gering wie nur möglich gehalten, der Wortschatz ist ja noch sehr begrenzt.

15. Januar: Inzwischen hat sich Ungeheures ereignet. Ich bin zum «Fall» geworden. Vor mehr als einer Woche platzte die Sekretärin in die Stunde: Ich solle sofort zum Direktor kommen. Ob es, fragte ich höflich, erst nach dem Läuten möglich sei, es sei doch schade um die kostbare Unterrichtszeit; schließlich hätten die Schüler über die Weihnachtsferien die meisten Wörter wieder vergessen. Nein, es sei eilig, ich müsse gleich mitgehen.

Ich diktierte den Kindern drei kurze Sätze, die sie in meiner Abwesenheit übersetzen sollten. «Ich bin gleich wieder da!» Der Direktor empfing mich mit sehr ungnädiger Miene. Soeben habe der Vater eines meiner Schüler angerufen und sich erkundigt, was das denn für eine neue Fremdsprache sei, die sein Sohn lernen müsse, und wie sich die Note, die er für die Arbeit bekommen habe, auf die Lateinnote im Zeugnis auswirke. Als ich meinem Vorgesetzten die Sache erklärt hatte, bat ich, wieder in die Klasse zurückkehren zu dürfen, ich sei mitten in der Neudurchnahme unterbrochen worden. «Nein, Sie bleiben hier!», sagte er in einem dermaßen befehlshaberischen Ton, daß ich nicht umhin konnte, ihn mir energisch zu verbitten. Leider bin ich in letzter Zeit entsetzlich reizbar geworden; ich wurde ausfällig und sehr laut. Dann verlangte ich, sofort in das zoronische Generalkonsulat gebracht zu werden. Mit einem Taxi auf Kosten der Schule; mein Erregungszustand hindere mich am Selberfahren. Zu meiner Verwunderung war der Direktor einverstanden. Ich hatte mich wieder völlig beruhigt und ließ die Zeit, bis das Taxi kam, fast apathisch verstreichen. Beim Einsteigen bemerkte ich meine Frau auf dem Rücksitz. Ihren Gruß erwiderte ich nicht. In der Psychiatrischen Universitätsklinik wurde ich von einer mich durch dicke Brillengläser eiskalt fixierenden Dame in Empfang genommen. Da ich sie für eine Konsulatsangestellte hielt, sprach ich zoronisch mit ihr. Bald stellte sich heraus, daß mein Verwirrungszustand die Folge einer fehlgesteuerten Insulintherapie gewesen war. Meine Frau hat mich nach Hause gebracht; ich bin wieder einigermaßen klar im Kopf. Aber was hilft mir das? Man hat mich aus der Stunde geholt, und ich werde meine Schüler nicht wiedersehen. Und mein Roman hat sich als das Hirngespinst erwiesen, das er von jeher gewesen ist. Ikarus ist ertrunken, Eurydike verharrt in ihrer Schattenexistenz. Schmutzig, seit sieben Tagen Trank und Speise verweigernd, hockt mein Orpheus am Ufer des Totenflusses, die Lieder, die Ovid ihm nach geleisteter Trauerarbeit andichtet, wird er nicht singen.

DER SCHATZ

Mein Vater geht mit mir durch den weitläufigen Garten hinunter zum Weiher. Wie alt bin ich? Schwer zu sagen. Einigen wir uns auf fünfzehn, auf Wachstum und Jugendschwermut. Er ist irgendwo zwischen fünfzig und sechzig, darüber wird er nie hinauskommen, auch als Achtzigjähriger nicht. Blond ist er und muskulös noch auf dem Sterbebett. Unser Garten ist, um es zu wiederholen, groß, sogar ein Wäldchen hat in ihm Platz, das einen Hang bedeckt wie ein Haarpelz auf einer Männerbrust. Vor einem Baum am unteren Ende des Wäldchens bleibt mein Vater stehen, zeigt mit dem Finger auf die Erde vor dem mächtigen Wurzelholz, aus dem sich der Stamm kraftstrotzend in die Höhe reckt, und sagt: Hier habe ich einen Schatz vergraben. Lauter Zwanzig-Mark-Goldstücke mit Wilhelm Zwo vorne drauf und dem Reichsadler hinten. Der Krieg geht spätestens nächstes Jahr zu Ende, und wir müssen damit rechnen, daß die Russen kommen. Ich nicke, mein Vater geht weiter, ich habe Mühe, ihm zu folgen. Es sind ja dann nur die Amerikaner gekommen. Kein Mord- und Totschlag, keine Vergewaltigungen, sogar die Neger waren manierlich. Mein Vater hält, obwohl ich außer Atem gerate, eine Entwicklungsstörung macht mir zu schaffen, kein einziges Mal mehr an. Er geht über den Weiher, wo wir an diesem heißen Sommertag schwimmen wollten, schweigend hinaus, dem dunstigen Horizont zu, bis er meinem Blick entschwindet. Ich bleibe mit meinen mühsamen Jahren zurück. Der Schatz gerät in Vergessenheit; ich habe zuviel mit mir selbst zu tun.

Wir zogen in die Stadt, den Garten betrat ich nur in den Ferien. Die Nazigrößen zerbissen Blausäurekapseln oder endeten am Strang. Im Stadttheater spielte man *Des Teufels General*. Man stand und klatschte noch, als der eiserne Vorhang sich senkte. Mao und ich schrieben Gedichte, Palästina wurde geteilt, Korea wurde geteilt. Ich machte mein Abitur, Stalin starb, Pius der Zwölfte starb, Adenauer starb nicht. Eine Mauer wurde gebaut, ein Präsident ermordet, die Amerikaner flaggten auf dem Mond und warfen Napalm-Bomben auf die Erde. Meine Schüler lernten Latein und Griechisch und vergaßen es wieder. Der Schah kam nach Deutschland, Pflastersteine flogen, der sterbende Beckett inszenierte noch einmal *Warten auf Godot*. Ein Riesenreich brach in Stücke, sein letzter Gruß eine Wolke, die tödliches Gift versprühte. Mein Vater starb, meine Mutter starb, ein Kind wuchs heran und spielte im großen Garten. Es wollte hoch hinaus und kletterte auf die Föhren und Buchen des Wäldchens, das sich noch immer über den Hang hinzog. Dann wieder, von unbezähmbarem Verlangen getrieben, zur glühenden Masse im Innern der Erde vorzudringen, grub das Kind Löcher in den Boden. Ich sah ihm zu, und plötzlich stand ich wieder neben meinem Vater, der auf die Stelle wies, wo er den Schatz vergraben hatte.

Seitdem kommt mir der Schatz nicht mehr aus dem Sinn. Im Traum blinken die Goldmünzen zwischen Laub und Reisig. Ich stecke mir zwei oder drei in die Tasche, ich will meinen Reichtum nicht schmälern, eile ins Haus. Das Traumhaus liegt in der Donaustadt, das große Mittelzimmer im ersten Stock geht mit drei von einem einzigen Vorhang, in den goldene Fäden gewebt sind, verhüllten Fenstern nach Süden auf die Allee hinaus, die Münzen in meiner Tasche tauchen den Raum in flutendes Licht. Der Eßtisch, an dem meine Eltern und wir Kinder abertausend und einen Mittag saßen, ist festlich gedeckt, und man müßte unter den Tisch kriechen, um seine Füße zu sehen, die in Gesichter mit Quellaugen, Knollennasen und aufgeblähten Backen auslaufen. Aber dazu sind wir nicht mehr klein genug. Neben mir sitzen meine Schwestern in Kleidern aus purem Silber. Ein Mädchen trägt die Speisen auf. Die Klingel, die über dem Tisch hing und die unsere Mutter zwischen Suppe, Hauptgericht und dem immergleichen Apfelmus betätigte, ist verschwunden, die Mutter hat sich im Elternschlafzimmer verschanzt, wir haben vergeblich geklopft, sie will sich nicht zeigen. Auch vom Vater keine Spur. Aber damit scheinen wir uns abgefunden zu haben, lange schon. Absenzen, die der still lodernden Freude in meinem Traum-Ich keinen Abbruch tun.

Nach Tagesanbruch beginnen wir zu graben. Mein Kind mit seinem kleinen Spaten, der sich schnell verbiegt, ich mit der Entschlossenheit des siegesgewissen Bezwingers. Hier muß es sein. Ich erkenne den Baum wieder, eine Eiche, wie ich an den zahllosen rings im Gras verstreuten Eicheln erkenne. Zwischen den Wurzelausläufern das weiche moosbedeckte Stück Erde, in das ich meinen Spaten treibe. Nur anfangs ein williges Nachgeben, dann stoße ich auf Widerstand. Die Kassette? Ach nein, nichts als von Wurzeln durchzogene Undurchdringlichkeit. Ist es nicht doch die Buche rechterhand gewesen? Diesmal werde ich fündig. Nicht der Schatz kommt zum Vorschein, sondern eine verrostete Zange, die sehr alt wirkt. Vielleicht interessiert sich das Heimatmuseum. Inzwischen bin ich ziemlich sicher, daß der Baum, der vor fast fünfzig Jahren schon so mächtig war, längst gefällt wurde oder einem Sturm zum Opfer fiel. Ich muß mich also an die Baumstümpfe halten, von denen es hier allerdings eine entmutigend große Menge gibt. Für heute genug, sage ich zu dem Kind, schultre den Spaten und trolle mich.

Natürlich habe ich es dann auch mit einem Metalldetektor versucht, den ich mir unter einem lächerlich unglaubhaften Vorwand von einem Bekannten auslieh; ich hatte ja nicht vor, den Schatz mit einem Helfer zu teilen. Das Gerät reagierte auf ein dünnes Eisenrohr, durch das früher das Wasser aus dem Quellweiher drunten in den Garten und ins Haus heraufgepumpt wurde. Inzwischen sind wir längst an das öffentliche System angeschlossen. Auch leere Schneckenhäuser, die noch in fortgeschrittener Bodentiefe in erstaunlich großer Zahl vorhanden sind, brachten den Detektor zum Ausschlag. Der nächste Schritt wäre, das ganze Gelände mit einem Traktor umzugraben, was das Ende des Wäldchens bedeuten und großes Aufsehen erregen würde. Noch schrecke ich davor zurück.

Die Sache ist so: Je weiter ich von zu Hause entfernt bin, etwa in japanischen oder kalifornischen Hotelbetten, um so schärfer zeichnet sich vor meinem Auge das genau umrissene Rechteck ab, das den vergrabenen Schatz eingrenzt. Wenn ich dann hoffnungsfroh in Richtung Heimat fliege, verschwimmt das Bild und löst sich, sobald ich den Garten betrete, in nichts auf. Schon suche ich wieder das Weite, schon wächst die freudige Zuversicht, doch noch, so spät es auch geworden ist, in den Besitz des mir früh verheißenen Goldes zu kommen. Ich darf nur nicht den Fehler machen, noch einmal heimzukehren.

Nachwort

ALBERT VON SCHIRNDING

«ALS Träne kehr ich ein in deinen Blick»

Im Anfang war das Wort, und der Leser irrte blind durch die Welt der Bücher. Er tastet, ahnt, spürt, was zu ihm passen könnte, und folgt dabei inneren Resonanzen, zu wem er sich hingezogen, von wem er sich angesprochen fühlen könnte. Es hat etwas Rätselhaftes, warum eine bestimmte Lektüre einem gefällt, eine andere nicht, worin genau die Sympathie für den Autor gründet. Der Autor verkörpert ein Geheimnis, das Versprechen einer verborgenen Botschaft, man ahnt etwas von einem neuen, anderen Leben, das über das jetzt gelebte hinausgeht, sich einem vielleicht später irgendwann erschließen könnte, durch die Lektüre der Texte, am Beispiel des Autors. Glücklich sind die, die auf diese Art ansprechbar sind, denn sie führen im Lesen eine unruhige, experimentelle Existenz.

Es ist schön, wenn Geschichten lange gehen. Und es ist richtig, Angst davor zu haben, daß sie das nicht tun. Denn nichts will bleiben, wie es ist, gerade das Herrliche muß untergehen, um die Last der Hoffnung von einem zu nehmen, daß es genau so weitergeht, wie es gerade ist. Das Ineinander von überschießender Freudigkeit und Destruktivität, von Wille zum Verrat und Sehnsucht nach Treue, von Neubeginn und Uraltsein und sich von alledem zum Rasen angestachelt Fühlen, gehört zum großen, wirren Idealitätskomplex der Jugend.

Albert von Schirnding hat daran festgehalten, als Autor und Lehrer, das Rätsel der Identität lebenslang als unerledigt zu verstehen, sein Werk immer neu darauf Antwort suchen zu lassen. So spricht er seine Leser, seit er, erst 21 Jahre alt, mit dem Gedichtband *Falterzug* aufgetreten ist, vom Ausgangspunkt des Ichs her an, wodurch der Leser sich auch zu diesem Abenteuer animieren lassen kann, das eigene Ich, diesen allgemeinen Einzigartigkeitspunkt eines jeden, selbst zu erkunden. Am Ludwigsgymnasium in München hat er Generationen von Schülern, so auch mir, vorgelebt, was es im schönsten Sinn heißen kann, philosophisch hell und lebenspraktisch heiter leuchtend, ein junger Mensch zu sein. Daß der Pakt der gemeinsamen Begeisterung, angelegt auf den kurzen Moment, in dem der Jüngere, vom Älteren begleitet, die Welt der Erwachsenen endlich betritt, sich nicht auf naheliegende, banale Weise durch das Vergehen dieses Augenblicks erledigen muß, habe ich später, als erwachsener Leser der Bücher und Zeitungsartikel von Albert von Schirnding, in den vielen Jahren nach meiner Schulzeit immer wieder erfahren. Denn die ursprüngliche Faszination ist nicht verschwunden: Wer ist dieser Mensch? Was lebt er mir vor?

Und das interessiert mich, wenn neue Texte von ihm erscheinen: Was denkt er, was beschäftigt ihn, wie urteilt er darüber und wie begründet er das? Vorallem aber, was erzählt er von den verschiedenen Leben, die er gelebt hat und lebt, neben der Schule, als Kritiker neuester Bücher, als Berichterstatter von

Kongressen, Vorträgen und Tagungen, als Grieche, Römer, Vorsokratiker, als Übersetzer und Interpret von Mythen und Märchen, als Theaterbegeisterter, Musikhörer und Gedichtevermittler, als Bibliothekar seiner eigenen, alten Bibliothek, als Sammler von Erstausgaben Thomas Manns, einst Secretarius von Ernst Jünger, gelebt hat immer wieder neu auch als Lyriker, der neue Gedichte schreibt, als Erzähler und Romanautor, als Schloß- und Waldbesitzer, Ehemann und Vater, als Mitglied von Akademien und Lesekreisen: ein an Menschenbegegnungen und Kulturaktivitäten unermüdlich reiches Leben, das er in die Vielfalt seiner Textproduktivität hinüberübersetzt hat.

Wie ist ihm das gelungen? Müßte nicht jeder echte Text genau diese Fülle an Welt und Leben bieten? Es ist die Frage nach dem Geheimnis des Autors, nach seiner Persönlichkeit. Sie hat bestimmt, daß dieses Leben so geführt wurde, vor allem aber, daß es sich literarisch auch genau so auswirken konnte, wie es dem Leser schließlich erscheint. Man fragt beim Lesen also auch nach einer impliziten Ethik, nach den inneren Haltungen, den Tugenden, nach dem vom Leben des Autors verwirklichten Menschenbild, und nimmt das dann als Grundstimmung mit auf, was man da spürt, das Meditative, das aktivistisch Vitale dagegen gerichtet, die Melancholie.

Im neuen Prosaband *Jugend, gestern* begleitet der Leser den Autor durch die vierziger und fünfziger Jahre des vergangenen Jahrhunderts, im Alter von zwölf bis 24 Jahren etwa, Kriegsende, Studium, literarisches Leben in München, Autorschaft, dann Abschied von alledem ganz plötzlich, um, endlich nicht mehr jung, endlich erwachsen, jetzt Lehrer zu sein und nichts anderes mehr. Motive aus dem Roman einer Jugend *Vorläufige*

Ankunft von 2010 und aus der Erzählung *Herkommen* von 1988, auch aus anderen Büchern, dem *Alphabet meines Lebens* von 2000, den *Begegnungen mit Ernst Jünger* von 1990, spielen herein und finden hier neue Beleuchtung. Herausgehoben wird die Bedeutung der großen Familie gezeigt, aus der Albert von Schirnding kommt, seine Eltern. Von mütterlicher Seite her ist etwas Energisches und Zartes, Seelenvolles spürbar, das das Familienleben bestimmt, das Miteinander, das Benehmen, die auch standesgemäß für diese Art Adel gegebenen Selbstverständlichkeiten. Am Anfang und Ende des Buchs steht der Vater, er verkörpert das ganz andere einer ungebrochenen, weltwärts wirkenden Vitalität, fünfzig für immer, noch mit achtzig, Augenmensch, geradlinig, ein Tatkraftleben, dem Sympathie und Sehnsucht gelten. In der für mich schönsten Szene des Buchs wartet der Sohn auf die Ankunft des Vaters, der mit dem Rad den Berg hoch kommen wird, wartet Stunde um Stunde. Und schließlich ist es auch genau so, und der sehnsüchtig erwartete Vater kommt heim.

Vielleicht liegt da, in der Familie, auch ein Grund, warum der junge Albert von Schirnding, dem man hier beim Erlernen von Leben und Schreiben zusieht, sich schon so früh so überalt und überreif gefühlt hat, weshalb er sich zur Jugend schon als Jugendlicher eher sehnsuchtsvoll, wie zu etwas Vergangenem, hingezogen gefühlt hat. Denn die Familie hat ihm das so vorgelebt: Wir sind schon lange, lange da. Müßte dann nicht ICH selbst, so das Konsequenzgefühl im kindlichen Gemüt, schon richtig alt sein? Frühreife also, dazu Empfindsamkeit und musische Talente, gefördert, geliebt, der erstgeborene, einzige Sohn, ein Gefühl des Auserwähltseins, der Genialität sogar, das ist die spezifische Ich-Konstellation für das Kind hier, den Jugendlichen, den jungen Mann. Spätere Produktivität wird davon unter eine besondere Bedingung gestellt. Am Zentralkapitel «Stundenbuch der Jugend», einer Sammlung von Gedanken, Sentenzen, aphoristisch zugespitzten Urteilen über Menschen und Verhaltensweisen, auch Tagebucherzählungen über die Wochen bei Ernst Jünger kommen vor, sieht man es besonders gut: Immer hat der Frühreife alles schon gemacht, gedacht und erlebt und hinter sich gebracht; Romane geschrieben, Theaterstücke, sich als kommenden Komponisten gesehen. Und das Buch der Menschenkenntnis, dessen Autor man in den Jahren wirklicher Reife später vielleicht einmal werden könnte, hat man auch schon geschrieben vor der Zeit, mit Anfang zwanzig, zu früh. Deshalb wird man es später, aus dem Unschuldsimpetus der Erstmaligkeit heraus, der zur Emphase des Schöpferischen gehört, nicht mehr erleben und deshalb vielleicht auch nicht noch einmal schreiben können.

Umgekehrt wird der Frühreife, der sich nie einfach jung gefühlt hat, in paradoxer Sehnsuchtsbewegung von eben dem Ungenügen, daß er nicht richtig jung war, für immer jung gehalten. Ähnlich entsteht mit der Kulturtatsache der Spätzeitigkeit, daß alles schon gesagt und geschrieben ist, Frühreife von daher jedem Nichtnaiven quasi objektiv auferlegt ist, zugleich die Gegensehnsucht nach der Gnade der Blindheit des Nichtwissens, der das Neue neu erscheint, dem der Neue, in jeder Jugend neu, sich ohne jedes Vorwissen, urnaiv zuwenden darf. Es sind große Polaritäten, aus denen die Energie kommt, die die Erinnerung hier in Bewegung bringt. Vielleicht waren ja auch die Illusionen der Jugend viel wahrer und richtiger als der spätere, allzu vernünftige Abschied davon, den der junge Erwachsene, vielleicht viel zu streng gegen sich selbst, zu früh genommen hat? Die Frage wird so direkt nicht gestellt, aber doch aufgeworfen. Das macht Jugend hier interessant, daß durch tiefe Imbalancen im Gegenstand noch etwas stört, die Anziehung dadurch lebt, daß es da noch etwas zu klären gibt.

Der Ton der Leichtigkeit, in dem das Memoire von Albert von Schirnding von seinen Dingen spricht, ist einer der Diskretion, dem Ernst nicht allzu distanzlos zu nahe treten zu wollen. Als wäre es sozusagen unhöflich, fast ein bißchen läppisch, der tragischen Konstellation, der das Ich ausgesetzt ist, die Selbstdistanznahme der Ironie zu verweigern. Das gibt den Leser frei. Er kann die Passion, die der Autor andeutet, selbst mitfühlen oder auf Distanz halten, diese Offenheit paßt zu den komplizierten Empfindungen, die beim Mitgehen mit der Erzählung von Privatem entstehen. Das Gespräch, das der Autor im Leser anstößt, findet dann dort, in der Stille des einsamen Seelenlebens statt, Zustimmung und Mitvollzug, Vergleich mit eigenen Erfahrungen und Widerspruch, Nähe, Freude, Scham. Kein Werk eines Autors, das einen einmal wirklich angesprochen hat, hat man je ganz ausgelesen. Deshalb fängt man immer wieder neu damit an, will lesen, wie dieses Leben Text geworden ist, dabei, Geheimnis der Transsubstantiation der Literatur, zu Rätsel und Versprechen.

Rainald Goetz